SoPäd | BERUFSORIENTIERUNG

Monika Pieper
Louisa Wehebrink

Berufsorientierung in der Förderschule

AUSBILDUNG BERUF & ARBEITSWELT

Unterrichtsmaterialien zu Kompetenzen, Selbsteinschätzung und Perspektiven

vollständig überarbeitete und aktualisierte Neuauflage

Verlag an der Ruhr

IMPRESSUM

Titel
Berufsorientierung in der Förderschule – Ausbildung, Beruf und Arbeitswelt
Unterrichtsmaterialien zu Kompetenzen, Selbsteinschätzung und Perspektiven, Klasse 7–10

Autorinnen
Monika Pieper, Louisa Wehebrink

Umschlagmotive
Hände mit Werkzeugen © by ronstik – Shutterstock.com,
außer: Hand mit Schneiderschere © Pixel-Shot, Hand mit
Malerrolle © Antonioguillem, Hand mit Kamm/Schere ©
Oleksii Akhrimenko – alle stock.adobe.com

Druck
AZ Druck und Datentechnik GmbH, Kempten, DE

Verlag an der Ruhr
Mülheim an der Ruhr
www.verlagruhr.de

Geeignet für die Klassen 7–10

ISBN 978-3-8346-6209-5

Einleitung

1. KOMPETENZEN

2. BERUFSPROFILE

3. MASSNAHMEN NACH DER SCHULE

Der Verlag an der Ruhr legt großen Wert auf eine geschlechtergerechte und inklusive Sprache. Daher nutzen wir das Gendersternchen, um sowohl männliche und weibliche als auch nichtbinäre Geschlechtsidentitäten einzuschließen. Alternativ verwenden wir neutrale Formulierungen. In Texten für Schüler*innen finden sich aus didaktischen Gründen neutrale Begriffe bzw. Doppelformen sowie die Schreibweise mit Schrägstrich.

Verschiedene Sichtweisen

Betrachtet man die aktuelle Lage an der Förderschule Lernen, stellt man schnell fest:

* Die wenigsten Schüler*innen beginnen direkt nach der Schule eine Ausbildung.
* Immer weniger Schüler*innen der Förderschule Lernen erlangen einen Hauptschulabschluss.
* Die meisten Schüler*innen gehen nach der Schule in eine Maßnahme der Bundesagentur für Arbeit (BA), machen ein Werkstattjahr oder gehen weiter zum Berufskolleg.
* Zunehmend mehr Schüler*innen mit sonderpädagogischem Förderbedarf Lernen werden inklusiv unterrichtet.
* In den inklusiven Lerngruppen zeigt sich, dass sich die eben geschilderte Problematik für Teile der Hauptschüler*innen ähnlich darstellt.
* Durch die zunehmende Umsetzung des Rechts auf Inklusion werden immer mehr Schüler*innen mit sonderpädagogischem Förderbedarf an Regelschulen gefördert werden.

Die Sicht der Wirtschaft

Im Gespräch mit Ausbildungsbetrieben erfährt man immer wieder, dass schulische Leistungen in den Fächern bei der Auswahl von Auszubildenden weniger relevant sind als Schlüsselqualifikationen und persönliche Kompetenzen. Die entscheidenden Defizite werden eher im Bereich Belastbarkeit und Sozialverhalten beschrieben als in mangelnder Rechen-, Lese- oder Schreibfähigkeit, obwohl diese natürlich auch genannt werden. Fakt ist, dass der Geburtenrückgang bereits jetzt zu einem Fachkräftemangel führt. Viele Betriebe sehen diese Entwicklung mit Sorge und erklären sich durchaus bereit, auch Förderschüler*innen ein Praktikum anzubieten, in der Hoffnung, eine*n geeignete*n Auszubildende*n zu finden. Manche*r Firmeninhaber*in würde gerne Förderschüler*innen als Auszubildende nehmen, sieht aber mangelnde Ausbildungsfähigkeit als Hinderungsgrund.

Die Sicht der Schule

Berufsorientierung ist zu einem elementaren Bestandteil schulischer Bildung avanciert. Die sich ständig ändernden beruflichen Bedingungen, die wachsenden Anforderungen vieler Berufe und die eher ungünstigen Arbeitsmarktbedingungen führen dazu, dass Berufsorientierung einen immer größeren Raum in der Schule einnimmt. Durch Berufserkundungen, Praktika und ähnliche Veranstaltungen bemühen sich die Schulen, den Schüler*innen praktische Angebote zur Berufsorientierung zu machen. Die Entscheidung der Schüler*innen für ein Praktikum ist aber oft eher zufällig und von den persönlichen Möglichkeiten im Bekanntenkreis abhängig. Für eine fundierte Entscheidung benötigen die Schüler*innen Informationsquellen über realistische Berufschancen und Möglichkeiten der Auseinandersetzung mit eigenen Interessen und Fähigkeiten, die ihrem Lernniveau angemessen sind. Die sowohl quantitativ als auch qualitativ für diese Schüler*innen unüberschaubaren Angebote im Bereich der Printmedien und auch des Internets führen bei vielen Lernenden eher zu Desorientierung und Demotivation als zu Informationsgewinn und fundierter Entscheidung.

Die Sicht der Schüler*innen

„Ich bekomm eh keinen Job“ und „Ich kann bei meinem Bekannten eine Ausbildung machen, der hat das schon fest zugesagt“ sind nur zwei von vielen, häufig wiederkehrenden Aussagen. Viele Schüler*innen haben ein unrealistisches Bild ihrer eigenen Fähigkeiten und eine undifferenzierte Selbstwahrnehmung. Dabei sind Demotivation und kaum vorhandenes Selbstbewusstsein neben absoluter Selbstüberschätzung zu beobachten.
So ist es nicht verwunderlich, wie unrealistisch die Berufswünsche häufig sind: Influencer*in, Fußballspieler*in, Sänger*in, Arzt oder Ärztin und Polizist*in rangieren ganz oben auf der Wunschliste. Von tatsächlich erreichbaren Berufen haben die Schüler*innen nur wenige Kenntnisse und Vorstellungen und viele Bewertungen einzelner Berufe sind von Vorurteilen geprägt.

Berufsorientierung in der Förderschule

Berufsfindung ist zunächst der Abgleich der individuellen Interessen und Kompetenzen der Jugendlichen mit den Anforderungen der verschiedenen realistischen Berufsfelder und Berufe. Durch die Auseinandersetzung mit den jeweils benötigten Kompetenzen kommen die Schüler*innen zu einem klareren Bild ihrer persönlichen Fähigkeiten und Fertigkeiten. Sie erfahren, welche Berufsfelder und Ausbildungsberufe für sie infrage kommen, und können diese mit ihren eigenen Fähigkeiten und Interessen abgleichen. Sie werden durch positive Fallbeispiele motiviert, ihre Berufsorientierung aktiv zu gestalten und Perspektiven zu entwickeln. Sie trainieren, eigenes Handeln einzuschätzen und einzuordnen. Durch Internetrecherche und auf Selbstständigkeit angelegte Arbeitsformen werden sie in die Lage versetzt, sich zunehmend selbstständig zu informieren und Entscheidungen zu fällen.

Ich kann was ...

Der erste Teil des Buches beschäftigt sich mit den Schlüsselqualifikationen und den persönlichen Kompetenzen der Lernenden. Die Schüler*innen lernen relevante Kompetenzen und deren Bedeutung kennen. Sie werden sensibilisiert, sich mit ihren Stärken und Schwächen auseinanderzusetzen, um so ein realistischeres Bild ihrer Persönlichkeit zu erlangen. Durch die Auseinandersetzung mit den eigenen Interessen, Stärken und Schwächen werden sie zunehmend in die Lage versetzt, fundierte berufliche Entscheidungen, z. B. für ein Praktikum, eine berufsfördernde Maßnahme oder eine Ausbildung, zu treffen. Daneben erfahren die Schüler*innen, an welchen Kompetenzen sie noch arbeiten müssen, um erfolgreich in die berufliche Zukunft zu starten. Die zu bearbeitenden Kompetenzen sind dabei niemals isolierte Fähigkeiten, sondern stehen immer im Zusammenhang mit anderen. So ist die Genauigkeit auch immer eine Frage der Konzentration, der Auge-Hand-Koordination und der Wahrnehmung. Die einzelnen Items können dementsprechend immer nur eine Hilfe der Entscheidungsfindung darstellen oder geben Hinweise auf noch zu trainierende Kompetenzen. Jede Überprüfung einzelner Kompetenzen ist gleichzeitig ein Training dieser. Das Buch kann daher sowohl zur Überprüfung des Ist-Zustandes als auch als Trainingsbuch für einzelne Fähigkeiten genutzt werden. Einzelne Kompetenzen, wie z. B. Zuverlässigkeit, bedürfen natürlich eines langfristigeren Trainings. Hier können von den Lernenden jedoch Beispiele für ein solches Verhalten gesammelt werden und die eigene Kompetenz und die der Mitschüler*innen können reflektiert werden.

... und ich mach was draus!

Im zweiten Teil setzen sich die Schüler*innen mit den Anforderungen verschiedener Berufe auseinander. Dabei werden Berufsfelder abgedeckt, die auch in den berufsvorbereitenden Maßnahmen und im Werkstattjahr angeboten werden. Hier werden für die Lernenden erreichbare Berufe vorgestellt und durch unterschiedliche Aufgaben nähergebracht. Diese Berufe werden auf ihr Anforderungsprofil hin überprüft und mit dem eigenen Profil abgeglichen. Die Schüler*innen können auf diese Weise eigene Berufsvorstellungen entwickeln und werden bei der zielorientierten Auswahl, z. B. von Praktikumsplätzen, unterstützt.

Maßnahmen nach der Schule

An Fallbeispielen wird hier aufgezeigt, welche Möglichkeiten der beruflichen Weiterbildung neben einer Ausbildung nach der Schule bestehen. Anschlussmaßnahmen, wie das Berufsbildungswerk, das Werkstattjahr, die berufsvorbereitende Bildungsmaßnahme und die überbetriebliche Ausbildung, werden dargestellt. Diese können nur grundsätzlich skizziert werden, da sich die Angebote im Detail in den Städten und Bundesländern unterscheiden.

Hinweise zur Arbeit mit dem Buch

Die Arbeitsblätter sind so aufgebaut, dass sie sowohl im traditionellen Klassenunterricht als auch in integrativen Lerngruppen selbstständig bearbeitet werden können. Da in der Förderschule Lernen das kooperative Lernen einen großen Stellenwert hat, ist das Material auf diese Unterrichtsform abgestimmt. Alle Arbeitsblätter sind daher nach dem Prinzip „Denken – Austauschen – Vorstellen" aufgebaut. Sprachlich sind die Texte dem Niveau der Förderschule angepasst, auch wenn auf einige Fachbegriffe, wie z. B. „Kompetenz", nicht ganz verzichtet werden kann. Diese müssen im Vorfeld eingeführt und erklärt werden. Durch die QR-Codes, die im Buch zu finden sind, gelangen die Lernenden einfach und unkompliziert zu den Websites, ohne die Links abtippen zu müssen. Sie üben dadurch gleichzeitig ihre digitalen Kompetenzen und nutzen die Medien (Smartphones, Tablets) auf sinnvolle Art und Weise. Wir empfehlen die Verwendung schuleigener Geräte.

Kompetenzen

Bei der Auseinandersetzung mit den eigenen Kompetenzen geht es nicht um das Herausstellen von Defiziten, sondern um eine Sensibilisierung und eine realistische Selbstwahrnehmung. Daher wird an die einzelnen Kompetenzen auch kein objektiver Bewertungsmaßstab angelegt, sondern in Partnerarbeit und/oder der Gruppe diskutiert. Dabei muss auf konstruktive Kritik besonders Wert gelegt werden. Bei Aufgaben, bei denen präsentiert und bewertet wird, muss klar sein, dass man etwas Positives oder einen Tipp formulieren kann, aber die Mitschüler*innen nicht beleidigen darf. Es wird nicht nur geschaut, was jemand kann, sondern auch, bei welcher Aufgabe er sich wohl bzw. weniger wohl fühlt. Beides wird für jede Kompetenz individuell notiert (Smileys). Es bietet sich an, Stimmungsecken in der Klasse einzurichten, in denen die Lernenden verbalisieren, warum eine Aufgabe Spaß bzw. keinen Spaß gemacht hat. Auf diese Weise wird ihnen der Zusammenhang von Spaß (Interesse) und Kompetenz („Das kann ich!") deutlich.

Berufsprofile

Bei den Aufgaben in diesem Buch, die sich mithilfe des Internets lösen lassen, ist der Zugang immer gleich: die Seite „planet-beruf.de" aufrufen, auf „Schüler/innen" in der Leiste oben gehen, dann auf „Berufe finden" klicken, hier den Unterpunkt „Berufe A–Z" auswählen und den entsprechenden Beruf aussuchen. Zu den einzelnen Berufen findet man dann verschiedene Informationen in Wort und Bild. Einen guten Überblick gibt immer der BERUFENET-Steckbrief. Es ist sinnvoll, diese Internetseite zunächst einmal gemeinsam mit den Lernenden zu erkunden. Die Berufe können in Einzel-, Partner- oder Gruppenarbeit bearbeitet werden. Da nicht alle Berufe von allen Schüler*innen erarbeitet werden sollen, können sich Kleingruppen mit einzelnen Berufen auseinandersetzen und diese dann der Klasse vorstellen.

Eigene Erfahrungen

Als Lehrkraft an einer Förderschule Lernen sieht man sich täglich damit konfrontiert, dass die Lernenden keine konkreten oder unrealistische Vorstellungen von ihrer beruflichen Zukunft haben. Für die Darstellung einzelner Berufe wurde Kontakt zu vielen Betrieben und deren Mitarbeiter*innen aufgenommen. Das positive Entgegenkommen und ehrliche Interesse der meisten Betriebe war überraschend. Mehrfach wurden wir zu weiteren Gesprächen eingeladen und es wurden Praktika für unsere Schüler*innen angeboten. Daneben haben diese Gespräche noch einmal verdeutlicht, wie sehr es sich lohnt, mit den Schüler*innen an ihren Kompetenzen zu arbeiten, diese zu trainieren und mit einzelnen Berufsbildern abzugleichen. Denn das ist die beste Möglichkeit, die Chancen der Schüler*innen auf eine sinnvolle Anschlussmaßnahme und den erfolgreichen Übergang ins Berufsleben zu verbessern.

Die Lösungen zu den Kopiervorlagen finden Sie hier.

Passwort: Berufsorientierung

LINK: cloud.verlagruhr.de/lerninhalt/4oA2RoRefHjc/

Aktualität der Daten: Die Informationen zu den Berufen sind der offiziellen Webseite „planet-beruf.de" der Bundesagentur für Arbeit entnommen *(Stand: Juni 2023)*.

Zuverlässigkeit (1/2)

In jedem Beruf ist es wichtig, dass du Verantwortung übernimmst und dass andere sich auf dich verlassen können.

EINZELARBEIT

Aufgabe 1: Welche Eigenschaften gehören für dich zur Zuverlässigkeit? Notiere.

Pünktlichkeit, ...

....

....

PARTNERARBEIT

Aufgabe 2: Besprecht die gefundenen Eigenschaften und tragt sie in die Liste ein. Bewertet für euch selbst, ob ihr zum Beispiel pünktlich seid:

→ Kreuzt die entsprechende Spalte an.

→ Tauscht das Blatt dann mit einem Partner oder einer Partnerin. Er oder sie kreuzt an, ob du dich seiner oder ihrer Meinung nach richtig oder falsch eingeschätzt hast.

Zuverlässigkeit	gelingt mir gut	könnte noch besser werden	daran muss ich noch arbeiten	Partner/Partnerin	
				richtig	*falsch*
Pünktlichkeit					

IN DER KLASSE

Aufgabe 3: Diskutiert eure Ergebnisse. Überlegt auch, wo zu Hause eure Zuverlässigkeit gefragt ist und wie ihr dort eingeschätzt werdet.

Zuverlässigkeit (2/2)

HINWEIS
Hier findest du einen Wochenbericht, in dem du kontrollieren kannst, wie zuverlässig du bist und an welchen Dingen du noch arbeiten solltest.
Lasse dir von deiner Lehrkraft abzeichnen, dass du diese Aufgabe erledigt hast.

Zuverlässigkeit	Mo	Di	Mi	Do	Fr	Einschätzung	
						Kein Problem	*Muss ich noch verbessern*
Pünktlichkeit zu Schulbeginn							
Pünktlichkeit nach den Pausen zu Unterrichtsbeginn							
Arbeitsmaterial dabei							
Hausaufgaben gemacht							
Dienste, zum Beispiel Tafeldienst erledigt							
Aufgaben wie verabredet erledigt							

Besondere Aufgaben				
Sorge dafür, dass du morgen Schere und Klebstift dabeihast!	Bringe morgen einen Löffel und eine Gabel mit!	Notiere das Abc und lasse es von einem oder einer Erwachsenen unterschreiben!	Suche 3 Dinge aus der Natur und bringe sie morgen mit!	Lasse dieses Blatt bis Montag von 2 Erwachsenen unterschreiben!

Spaßfaktor der Aufgaben:

So schätze ich mich ein:

Ich bin ☐ sehr ☐ weniger
☐ überhaupt nicht zuverlässig.

Selbstständigkeit I

Selbstständigkeit meint, wie gut du in der Lage bist, dich selbst zu organisieren, und ob du noch viel auf die Hilfe anderer angewiesen bist.

EINZELARBEIT

Aufgabe 1: Überlege, bei welchen Tätigkeiten du schon sehr selbstständig bist. Markiere die Tätigkeiten, die du selbstständig erledigst.

- morgens aufstehen ohne Aufforderung
- Hefte und Stifte kaufen
- Termine einhalten ohne Erinnerung
- bei Fremden um Informationen bitten
- Lebensmittel einkaufen
- ein Geschenk kaufen
- das Bett neu beziehen
- dich im Internet informieren
- Wäsche aufhängen und bügeln
- Termine am Telefon machen (bei deinem Friseur, deiner Ärztin …)
- Hausaufgaben erledigen
- Geschirr wegräumen
- Geschirr abwaschen
- in fremder Umgebung mit Bus/Straßenbahn fahren
- Zimmer saugen
- Klamotten kaufen
- Frühstück machen
- Sportzeug einpacken
- Wäsche zur Waschmaschine bringen
- Zimmer aufräumen
- Besorgungen machen (Post, Apotheke usw.)

Aufgabe 2: Schreibe die markierten Bausteine in dein Heft oder auf die Rückseite des Arbeitsblatts. Bilde Sätze.

Ich stehe morgens auf, ohne dass mich jemand wecken muss.

Ich mache mir selbst mein Frühstück.

Selbstständigkeit II

EINZELARBEIT

Aufgabe 1: Lies die Anzeige der Jugendherberge Burghausen. Welche Sportmöglichkeiten gibt es? Unterstreiche sie.

Aufgabe 2: Du fährst 5 Tage mit deiner Klasse in die Jugendherberge und musst nun deine Tasche packen. Bei dieser Packliste passt etwas nicht. Kannst du sie berichtigen?

GUT DRAUF
Jugendunterkunft

Jugendherberge Burghausen
5 Tage Halbpension ab 120€

Freizeitangebot:
Schwimmbad, Tischtennis, Billard, Außengelände mit Fußballplatz, Street- und Volleyballfeld

☐ 1 lange Hose	☐ 3 x Unterwäsche	☐ Waschzeug
☐ 1 kurze Hose	☐ 2 x Socken	☐ Zahnbürste
☐ 4 Pullover	☐ 1 Regenjacke	☐ Zahnpasta
☐ 2 T-Shirts	☐ 1 Schlafanzug	☐ Turnschuhe
☐ 5 Jacken	☐ Schwimmsachen	

Was könnte noch fehlen? Schreibe die vollständige Liste in dein Heft oder auf die Rückseite des Arbeitsblatts.

PARTNERARBEIT / IN DER KLASSE

Aufgabe 3: Vergleicht und diskutiert eure Packlisten mit einem Partner oder einer Partnerin und dann mit der ganzen Klasse.

Hast du beide Arbeitsblätter selbstständig bearbeiten können oder hast du Hilfe benötigt?

Spaßfaktor der Aufgaben:

So schätze ich mich ein:

Ich bin ☐ sehr ☐ weniger ☐ überhaupt nicht selbstständig.

Selbstständigkeit II

EINZELARBEIT

Aufgabe 1: Lies die Anzeige der Jugendherberge Burghausen. Welche Sportmöglichkeiten gibt es? Unterstreiche sie.

Aufgabe 2: Du fährst 5 Tage mit deiner Klasse in die Jugendherberge und musst nun deine Tasche packen. Schreibe eine Packliste.

GUT DRAUF
Jugendunterkunft

Jugendherberge Burghausen
5 Tage Halbpension ab 120 €

Freizeitangebot:
Schwimmbad, Tischtennis, Billard, Außengelände mit Fußballplatz, Street- und Volleyballfeld

PARTNERARBEIT / IN DER KLASSE

Aufgabe 3: Vergleicht und diskutiert eure Packlisten mit einem Partner oder einer Partnerin und dann mit der ganzen Klasse.

Aufgabe für Schnelle
Informiere dich im Internet über Jugendherbergen in deiner Nähe. Suche dir eine aus, notiere die wichtigsten Informationen und stelle sie der Gruppe vor.

Hast du beide Arbeitsblätter selbstständig bearbeiten können oder hast du Hilfe benötigt?

Spaßfaktor der Aufgaben:	**So schätze ich mich ein:**
☺ 😐 ☹	Ich bin ☐ sehr ☐ weniger ☐ überhaupt nicht selbstständig.

Allgemeinbildung (1/3)

Allgemeinbildung ist in jedem Beruf wichtig. Egal ob du dich mit der Kundschaft oder den Teammitgliedern unterhältst, es ist wichtig, gut informiert zu sein, um mitreden zu können.
Du solltest in jedem Bereich von 5 Fragen mindestens 3 richtig beantworten können.
Schaue dir die Bereiche, in denen du weniger als 3 Fragen richtig beantworten konntest, noch einmal genauer an.

EINZELARBEIT

Aufgabe: Nur eine Antwort ist richtig. Kreuze die richtigen Antworten an.

GEOGRAFIE

1. Welche Stadt liegt im Norden Deutschlands?

- a Stuttgart
- b Köln
- c Kiel

2. Welches Land grenzt an Deutschland?

- a Dänemark
- b Schweden
- c Norwegen

3. Zu welchem Land gehört die Insel Mallorca?

- a Spanien
- b Italien
- c Portugal

4. Zu welchem Kontinent gehört Marokko?

- a Europa
- b Südamerika
- c Afrika

5. Welcher Fluss ist der längste?

- a Rhein
- b Nil
- c Donau

GESCHICHTE

1. Wie hieß eine ägyptische Herrscherin?

- a Wilhelmina
- b Helena
- c Kleopatra

2. Wer war ein bekannter französischer Feldherr und Kaiser?

- a Napoleon
- b Caesar
- c Augustus

3. Welches Land hatte sich im Zweiten Weltkrieg mit Deutschland verbündet?

- a Amerika
- b Japan
- c England

4. Welche Stadt war nach dem Zweiten Weltkrieg in Ost und West geteilt?

- a Leipzig
- b Dresden
- c Berlin

5. Was feiern wir am 3. Oktober?

- a Tag der Arbeit
- b Tag der Deutschen Einheit
- c Allerheiligen

POLITIK

1. Wie viele Bundesländer gibt es in Deutschland?

- a 16
- b 18
- c 20

2. Wer wählt den Bundespräsidenten?

- a die Bundesversammlung
- b der Bundestag
- c das Volk

Allgemeinbildung (2/3)

3. Welche Abkürzung steht nicht für eine Partei?

- a FDP
- b SPD
- c CDI

4. Wie oft wird in Deutschland ein neuer Bundestag gewählt?

- a alle 2 Jahre
- b alle 3 Jahre
- c alle 4 Jahre

5. Wo tagt das europäische Parlament?

- a Paris
- b Straßburg
- c Berlin

MEDIZIN

1. Was bedeutet der Ausdruck „Migräne“?

- a Bauchschmerzen
- b Kopfschmerzen
- c Erkältung

2. Wie viele Nieren hat der Mensch normalerweise?

- a 1
- b 2
- c 3

3. Was überprüft ein EKG?

- a den Herzrhythmus
- b die Knochendichte
- c die Muskelkraft

4. Wie kann man sich mit dem HIV infizieren?

- a Kuss
- b Händeschütteln
- c Körperflüssigkeiten

5. Was ist ein Antibiotikum?

- a ein Virus
- b ein Medikament
- c eine Krankheit

KUNST

1. Wer malte „Mona Lisa“?

- a Vincent van Gogh
- b Michelangelo
- c Leonardo Da Vinci

2. Wo befindet sich das Louvre-Museum?

- a London
- b Paris
- c New York

3. Wie nennt man ein Geschäft, in dem man Bilder von Künstlerinnen und Künstlern kaufen kann?

- a Galerie
- b Museum
- c Boutique

4. Welche Farbe ist keine Grundfarbe?

- a gelb
- b rot
- c grün

5. Wie nennt man ein gemaltes Bild, das eine Person abbildet?

- a Porträt
- b Skulptur
- c Skizze

BIOLOGIE

1. Durch welche Bahnen fließt das Blut zum Herzen hin?

- a Venen
- b Sehnen
- c Arterien

2. Was ist ein Knochen?

- a Gabel
- b Lenker
- c Speiche

3. Was können Katzen in der Nacht nicht besonders gut?

- a sehen
- b hören
- c schlafen

4. Was ist kein Nadelbaum?

- a Kiefer
- b Erle
- c Fichte

5. Welcher Stoff belastet die Umwelt besonders?

- a Kohlendioxid
- b Sauerstoff
- c Wasserstoff

Allgemeinbildung (3/3)

COMPUTER

1. Was benötigst du, damit andere Internetnutzerinnen und -nutzer nicht einfach auf deinen Computer zugreifen können?

- a Firewall
- b Nickname
- c Server

2. Wie nennt man im Internet einen Hinweis zu einer anderen Seite?

- a Tipp
- b Link
- c Button

3. Was solltest du im Internet nicht so einfach preisgeben?

- a Nickname
- b Hobbys
- c Handynummer

4. Was gehört nicht zur Hardware eines Computers?

- a Festplatte
- b Bildschirm
- c Computerspiel

5. Wo speicherst du einen geschriebenen Text?

- a Mappe
- b Ordner
- c Heft

MEDIEN UND GESELLSCHAFT

1. In welchem Fernsehprogramm kann man die Nachrichtensendung „Tagesschau“ sehen?

- a ARD
- b ZDF
- c RTL

2. Wer ist eine bekannte deutsche YouTuberin?

- a Bibi
- b Barbie
- c Bobo

3. Wie heißt ein bekannter Filmpreis?

- a Oswald
- b Oscar
- c Carlos

4. Welche Abkürzung gibt an, ab welcher Altersstufe ein Film geeignet ist?

- a FSK
- b FKK
- c KFZ

5. Wie heißt ein großes Fest, das jährlich in München stattfindet?

- a Weinfest
- b Oktoberfest
- c Herbstfest

SPORT

1. Welche Sportart gehört nicht zum Triathlon?

- a Schwimmen
- b Laufen
- c Klettern

2. Wie viele Mannschaften spielen in der 1. Fußball-Bundesliga?

- a 16
- b 18
- c 20

3. Wie heißt ein bekannter deutscher Fußballspieler?

- a Lionel Messi
- b Neymar
- c Manuel Neuer

4. Wie lang ist eine Marathon-Strecke?

- a 12 km
- b 42 km
- c 24 km

5. In welchem Abstand finden die Olympischen Sommerspiele statt?

- a alle 2 Jahre
- b alle 3 Jahre
- c alle 4 Jahre

Allgemeinbildung (Lösung)

EINZELARBEIT

Aufgabe 1: Vergleiche deinen Test mit dem Lösungsbogen und kreuze die richtig gelösten Aufgaben an.
Wie viele Fragen hast du in den einzelnen Bereichen richtig beantwortet?

Thema	Frage 1	Frage 2	Frage 3	Frage 4	Frage 5	*richtig*	*falsch*
GEOGRAFIE	c	a	a	c	b		
GESCHICHTE	c	a	b	c	b		
POLITIK	a	a	c	c	b		
MEDIZIN	b	b	a	c	b		
KUNST	c	b	a	c	a		
BIOLOGIE	a	c	c	b	a		
COMPUTER	a	b	c	c	b		
MEDIEN	a	a	b	a	b		
SPORT	c	b	c	b	c		

Aufgabe 2: Schreibe die Bereiche auf, in denen du dein Wissen noch verbessern musst.

....

....

Wie kannst du deine Allgemeinbildung verbessern?
Informiere dich im Internet oder schaue die Nachrichten im Fernsehen. In den sozialen Medien (*TikTok* und so weiter) kannst du auch richtige Informationen finden. Achte bei den Beiträgen aber auf die Quelle! Mit Apps wie *DeinUpdate* bleibst du bei aktuellen Themen immer auf dem neusten Stand.

Spaßfaktor der Aufgaben:

☺ 😐 ☹

So schätze ich mich ein:

Meine Allgemeinbildung ist

☐ sehr ☐ weniger ☐ überhaupt nicht gut.

Belastbarkeit/Leistungsbereitschaft (1/2)

Du schaffst es auch in stressigen Situationen, einen kühlen Kopf zu bewahren, und nimmst neue Herausforderungen gerne an. Wenn Schwierigkeiten auftauchen, lässt du dich nicht entmutigen, du arbeitest zügig und ordentlich. Das kannst du hier beweisen.

EINZELARBEIT

Aufgabe 1: Du brauchst eine Stoppuhr und ein Wörterbuch.
In den nächsten 30 Minuten sollst du mehrere Aufgaben erfüllen.

☐ **Mache 20 Kniebeugen.**

☐ **Schlage folgende Wörter im Wörterbuch nach oder suche sie im Internet und notiere ihre Bedeutung.**

Logik: ....

....

....

....

qualifiziert: ....

....

....

....

Kooperation: ....

....

....

....

Stress: ....

....

....

....

Belastbarkeit/Leistungsbereitschaft (2/2)

☐ **Mache 20 Kniebeugen.**

☐ **Schaue dich im Raum um und notiere die Anzahl.**

	Anzahl		**Anzahl**		**Anzahl**
Tische	....	Menschen	....	Steckdosen	....
Stühle	....	Füße	....	Schränke	....
Fenster	....	Finger	....	Taschen	....

☐ **Mache 20 Kniebeugen.**

☐ **Übertrage die Abbildung möglichst genau in das leere Kästchen.**

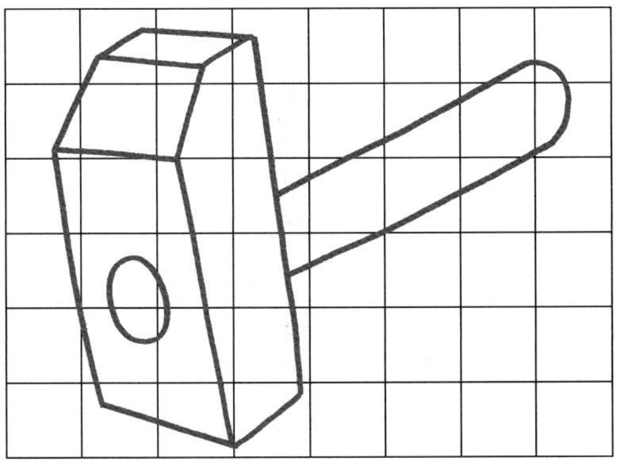

☐ **Mache 20 Kniebeugen.**

Aufgabe 2: Hast du alle Aufgaben erfolgreich gemeistert? Kreuze in der Tabelle an!

	Ja	*Nein*
Alle Aufgaben erfüllt.		
Zeit hat gereicht.		
Aufgaben richtig gelöst.		
Sauber gearbeitet.		

Spaßfaktor der Aufgaben:

☺ 😐 ☹

So schätze ich mich ein:

Ich bin ☐ sehr ☐ weniger ☐ überhaupt nicht belastbar.

Konfliktfähigkeit I (1/2)

Der Begriff „Konfliktfähigkeit“ meint, dass du Meinungsverschiedenheiten nicht ausweichst, sondern versuchst, diese auf sachliche Art zu lösen. Das heißt, ohne aggressiv oder in deinen Worten verletzend zu werden. Es ist wichtig, die eigene Meinung zu sagen, aber auch zu versuchen, andere zu verstehen.

▶ Lisa macht ihr Praktikum in einem Malerbetrieb.
Dort macht Nico gerade seine Ausbildung.
Nico hat einen Eimer mit Farbe umgekippt und erwartet von Lisa, dass sie sauber macht. Es kommt zu einem Streit.

Konfliktfähigkeit I (2/2)

EINZELARBEIT

Die Aussagen rechts zeigen Möglichkeiten, was Lisa zu Nico sagen könnte.

Aufgabe 1: Markiere die Aussagen von Lisa, die helfen, den Streit friedlich zu lösen.

▶ Nico	▶ Lisa
Du bist nur Praktikantin, ich bestimme hier.	☐ Putz deinen Dreck selber weg, du Blödmann. ☐ Nur weil ich Praktikantin bin, heißt das nicht, dass ich putzen muss.
Putzen ist nicht meine Aufgabe.	☐ Ich verstehe nicht, warum ich das alleine wegmachen soll. ☐ Ich finde Putzen genauso blöd wie du. ☐ Ich könnte mir vorstellen, dass der Chef sauer auf dich ist.
Mich geht das nichts an.	☐ Habe ich dich richtig verstanden, dass ich deinen Dreck wegmachen soll? Erklär mir mal, warum. ☐ Halt die Klappe.
Ich denk nicht dran.	☐ Mich geht das nichts an, ich sag alles dem Chef. ☐ Lass uns einfach zusammen anfangen. ☐ Sieh zu, wie du damit fertig wirst.
Jetzt fang endlich an.	☐ Komm, gemeinsam sind wir schnell fertig. ☐ Wenn wir uns gegenseitig beschimpfen, bringt uns das bestimmt nicht weiter.

PARTNERARBEIT / IN DER KLASSE

Aufgabe 2: Vergleicht eure Ergebnisse. Einigt euch darauf, was Lisa sagt.

Aufgabe 3: Stellt euer Gespräch der Klasse vor.

Konfliktfähigkeit II

GRUPPENARBEIT

Aufgabe 1: Bildet 4er-Gruppen. Jedes Gruppenmitglied übernimmt eine Situation und notiert kurz auf einem Zettel:
→ Wie würdest du dich verhalten?
→ Was würdest du sagen?

Situation 1:
2 Schüler aus deiner Klasse streiten sich ständig. In der Pause beschimpfen sich die beiden und auch andere Schüler mischen sich jetzt in den Streit ein. Es droht eine Schlägerei.

Situation 2:
Eine Mitschülerin beschuldigt dich, sie online zu mobben, und regt sich furchtbar auf. Sie droht damit, dich online fertigzumachen.

Situation 3:
Im Praktikum geben dir die anderen Angestellten für alles, was schiefgeht, die Schuld. Der Chef ist total sauer auf dich. Du hast schon keine Lust mehr, da hinzugehen.

Situation 4:
Du hast einem Kollegen im Praktikum dein altes Handy geliehen, was er einfach nicht zurückgibt. Bald ist dein Praktikum vorbei und du siehst ihn dann nicht mehr wieder.

Aufgabe 2: Diskutiert die Situationen in der Gruppe. Entscheidet,
→ welches Verhalten ihr am besten findet,
→ was ihr sagen würdet,
und schreibt das jeweils ins Heft oder auf die Rückseite des Arbeitsblatts.

IN DER KLASSE

Aufgabe 3: Diskutiert eure Ergebnisse in der Klasse.

Spaßfaktor der Aufgaben:	**So schätze ich mich ein:**
☺ 😐 ☹	Ich bin ☐ sehr ☐ weniger ☐ überhaupt nicht konfliktfähig.

Teamfähigkeit

In fast jedem Beruf musst du mit anderen zusammen arbeiten können. Das nennt man „Teamfähigkeit". In der Schule übst du durch Partner- und Gruppenarbeit die Teamfähigkeit.

GRUPPENARBEIT

Ihr braucht:
→ 2 Scheren
→ Zeitungspapier
→ 1 Rolle Klebeband
→ 1 Murmel

Aufgabe 1: Bildet 4er-Gruppen. Bastelt aus euren Materialien eine Murmelbahn. Sie muss freistehen. Ihr dürft keine anderen Gegenstände benutzen. Ihr habt 10 Minuten Zeit. Die Gruppe, bei der die Murmel am längsten rollt, hat gewonnen.

Aufgabe 2: Schaut euch gemeinsam die Tabelle an. Besprecht, welche Kompetenzen ihr in eurem Team gebraucht habt. Kreuzt an, wie gut sie geklappt haben.

Kompetenzen	😊	😐	😒
sich mit anderen absprechen			
Aufgaben freiwillig für andere übernehmen			
die Meinung anderer akzeptieren			
den Teammitgliedern zuhören			
Verantwortung übernehmen			
Regeln einhalten			
sich gegenseitig unterstützen			
jeden und jede zu Wort kommen lassen			
Kritik vertragen können			
die Teammitglieder anschauen			
Zeitdruck aushalten können			

Kommunikationsfähigkeit I *(Gruppe A)*

HINWEIS
Die eine Hälfte der Klasse benötigt Blatt A, die andere Hälfte Blatt B.

EINZELARBEIT

Aufgabe 1: Was bedeutet eigentlich „Kommunikation“?
Lies aufmerksam den Text im Kasten unten.
Du darfst dir einen Spickzettel machen, aber nicht in Form von Wörtern, sondern nur mithilfe kleiner Zeichnungen oder Skizzen.

Beispiel: Das steht im Text: Auf deinem Spickzettel steht:

Er liebte sie sehr.

Das Wort „Kommunikation“ kommt aus dem Lateinischen und bedeutet „teilen“ oder „mitteilen“. Im Allgemeinen wird darunter der Austausch von Informationen verstanden und dafür braucht man immer mindestens 2 Personen. Kommunikation ist alltäglich und verläuft scheinbar selbstverständlich. Ein großer Teil unserer Kommunikation läuft über das Sprechen ab, wir kommunizieren jedoch auch über unsere Gestik (Hände). Jeder und jede weiß, was es bedeutet, wenn du mit dem Zeigefinger an die Stirn tippst oder eine Faust machst. Auch die Mimik (Gesichtsausdruck) spielt bei der Kommunikation eine Rolle. Durch Zuzwinkern oder Naserümpfen gibst du deinem Gegenüber eine Information.

PARTNERARBEIT

Aufgabe 2: Sucht euch einen Partner oder eine Partnerin aus Gruppe A.
Erklärt euch gegenseitig nur mithilfe der Spickzettel, was ihr gelesen habt.

GRUPPENARBEIT

Aufgabe 3: Bildet eine Gruppe mit Mitgliedern der Gruppe B und schreibt in Stichpunkten auf, was ihr gehört habt.

IN DER KLASSE

Aufgabe 4: Präsentiert die Inhalte beider Texte.

Kommunikationsfähigkeit I *(Gruppe B)*

HINWEIS
Die eine Hälfte der Klasse benötigt Blatt A, die andere Hälfte Blatt B.

EINZELARBEIT

Aufgabe 1: Was bedeutet eigentlich „Kommunikation“?
Lies aufmerksam den Text im Kasten unten.
Du darfst dir einen Spickzettel machen, aber nicht in Form von Wörtern, sondern nur mithilfe kleiner Zeichnungen oder Skizzen.

Beispiel: Das steht im Text: Auf deinem Spickzettel steht:

Er liebte sie sehr.

Zur Kommunikationsfähigkeit gehört viel mehr als die Fähigkeit, zu sprechen. Ganz wichtig für eine erfolgreiche Kommunikation ist auch das Zuhören. Gutes Zuhören zeichnet sich dadurch aus, dass du die andere Person ausreden lässt. Außerdem solltest du dich um Blickkontakt bemühen und Fragen stellen, wenn du nicht alles verstanden hast. Zu einer gelungenen Kommunikation gehört daneben der gegenseitige Respekt. Beschimpfe niemanden, sondern respektiere die Ideen der anderen und mache die Vorschläge der anderen nicht schlecht. Eigene Ideen und Vorstellungen sollten immer gut begründet sein.

PARTNERARBEIT

Aufgabe 2: Sucht euch einen Partner oder eine Partnerin aus Gruppe B.
Erklärt euch gegenseitig nur mithilfe der Spickzettel, was ihr gelesen habt.

GRUPPENARBEIT

Aufgabe 3: Bildet eine Gruppe mit Mitgliedern der Gruppe A und schreibt in Stichpunkten auf, was ihr gehört habt.

IN DER KLASSE

Aufgabe 4: Präsentiert die Inhalte beider Texte.

Kommunikationsfähigkeit II (1/2)

Kommunikationsfähigkeit heißt auch, miteinander zu sprechen, sich gegenseitig zuzuhören sowie eigene Vorschläge zu machen und zu begründen.

GRUPPENARBEIT

Bildet 5er-Gruppen.
Jede Gruppe bekommt ein Arbeitsblatt mit Satzstreifen.

Aufgabe 1: Schneidet die Satzstreifen aus, mischt sie und verteilt sie gleichmäßig untereinander. Lest die Sätze nacheinander vor.

Aufgabe 2: Überlegt und besprecht, in welcher Reihenfolge die Satzstreifen eine sinnvolle Geschichte ergeben.

HINWEIS
Ihr dürft die Satzstreifen so oft lesen, wie ihr wollt, sie den anderen aber nicht zeigen oder tauschen.

TIPP
Wenn ihr die Geschichte in die richtige Reihenfolge gebracht habt, könnt ihr die Satzstreifen nummerieren.

Aufgabe 3: Schreibt die Geschichte ins Heft oder auf die Rückseite des Arbeitsblatts.
Jedes Gruppenmitglied diktiert den eigenen Satz.
Überlegt gemeinsam in der Gruppe:
→ Wie hat die Kommunikation in der Gruppe geklappt?
→ Was könnte noch besser werden?

Kommunikationsfähigkeit II (2/2)

Sie hat nicht gefrühstückt und deshalb Hunger und Durst.

Vor dem Blumengeschäft warten schon die ersten Kunden und Kundinnen.

Endlich Mittagspause! Özlem kauft sich eine Cola und isst ihr Brot.

Sie ist froh, dass der erste Tag vorbei ist.

Özlem zieht ihren Arbeitskittel an und bringt Eimer mit Blumen nach draußen.

Özlem springt aus dem Bett, um ihren Bus pünktlich zu erreichen.

Der Kranz wird zuerst mit grünen Zweigen gebunden.

Der Wecker klingelt, heute ist erster Praktikumstag.

Gegen Abend kann Özlem nicht mehr stehen, ihr tun die Füße weh.

Dann wird er mit weißen Rosen dekoriert.

Den ganzen Vormittag hilft sie beim Bedienen der Kunden und Kundinnen.

Schließlich bekommt er noch eine silberne Schleife.

Am Nachmittag hilft Özlem, einen Kranz zu binden.

Zu Hause angekommen, kann sie endlich die Schuhe ausziehen.

Puh, gerade noch geschafft!

Kommunikationsfähigkeit III

Kommunikationsfähigkeit heißt auch, miteinander zu sprechen, sich gegenseitig zuzuhören sowie eigene Vorschläge zu machen und zu begründen.

GRUPPENARBEIT

Bildet 5er-Gruppen. Jede Gruppe bekommt ein Arbeitsblatt.

Aufgabe 1: Schneidet die 4 Bilder aus. Jedes Gruppenmitglied macht sich Stichpunkte zu einem Bild: Was denken, fühlen und sagen die Menschen?

Aufgabe 2: Erzählt nacheinander in der Gruppe, was auf eurem Bild zu sehen ist. Erzählt, was die Menschen denken, fühlen und sagen. Denkt euch ein Ende für die Geschichte aus und schreibt eure Geschichte in Stichpunkten auf.

Aufgabe 3: Erzählt die Geschichte in der Klasse.
Jedes Gruppenmitglied übernimmt sein Bild.

Illustration: Norbert Höveler

Überlegt gemeinsam in der Gruppe:

→ Wie hat die Kommunikation in der Gruppe geklappt?

→ Was könnte noch besser werden?

Kommunikationsfähigkeit IV

Du hast in mehreren Übungen deine Kommunikationsfähigkeit erprobt und trainiert.

EINZELARBEIT

Aufgabe 1: Schätze deine Fähigkeiten zunächst selbst ein.

		stimmt immer	*stimmt häufig*	*stimmt manchmal*
1	Ich höre aufmerksam zu.			
2	Ich halte Blickkontakt.			
3	Ich stelle Fragen.			
4	Ich lasse andere ausreden.			
5	Ich begründe meine Meinung.			
6	Ich respektiere eine andere Meinung.			
7	Ich drücke mich verständlich aus.			
8	Bei Meinungsverschiedenheiten bleibe ich freundlich.			

PARTNERARBEIT

Aufgabe 2: Gib das Blatt jetzt 2 Personen aus deiner Klasse, die bei den Übungen mit dir zusammengearbeitet haben. Lasse diese beiden nun gemeinsam deine Kommunikationsfähigkeit beurteilen.

		stimmt immer	*stimmt häufig*	*stimmt manchmal*
1	Er/Sie hört aufmerksam zu.			
2	Er/Sie hält Blickkontakt.			
3	Er/Sie stellt Fragen.			
4	Er/Sie lässt andere ausreden.			
5	Er/Sie begründet seine/ihre Meinung.			
6	Er/Sie respektiert eine andere Meinung.			
7	Er/Sie drückt sich verständlich aus.			
8	Bei Meinungsverschiedenheiten bleibt er/sie freundlich.			

Spaßfaktor der Aufgaben:

☺ 😐 ☹

So schätze ich mich ein:

Ich bin ☐ sehr ☐ weniger ☐ überhaupt nicht kommunikationsfähig.

Konzentration I

EINZELARBEIT

Aufgabe 1: Erkläre in 1–2 Sätzen, was du unter dem Wort „Konzentration“ verstehst. Folgende Begriffe können dir dabei helfen:
Aufmerksamkeit, bewusst, nicht ablenken lassen, auf eine Sache, gewissenhaft.

....

....

....

PARTNER- ODER GRUPPENARBEIT

Aufgabe 2: Vergleicht eure Sätze. Einigt euch auf eine Erklärung (Definition):

....

....

....

Aufgabe 3: Präsentiert und diskutiert eure Ergebnisse in der Klasse.

> **TIPP**
> Informiert euch im Internet über die verschiedenen Definitionen des Begriffs „Konzentration“.

PARTNER- ODER GRUPPENARBEIT

Aufgabe 4: Überlegt zunächst einzeln, bei welchen Tätigkeiten und in welchen Situationen ihr euch konzentrieren müsst. Notiert diese Dinge auf einem Zettel.

Aufgabe 5: Einigt euch dann mit einem Partner, einer Partnerin oder in der Gruppe auf die 6 wichtigsten Situationen.

Konzentration II

EINZELARBEIT

Für die Aufgabe benötigst du eine Stoppuhr!

Aufgabe 1: Wie gut kannst du dich konzentrieren?
Schreibe in die Pfeile, die nach rechts zeigen, ein R, und in die Pfeile, die nach links zeigen, ein L. Du hast 2 Minuten Zeit!

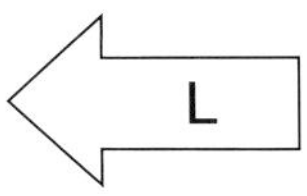

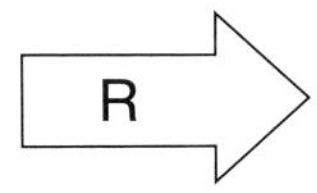

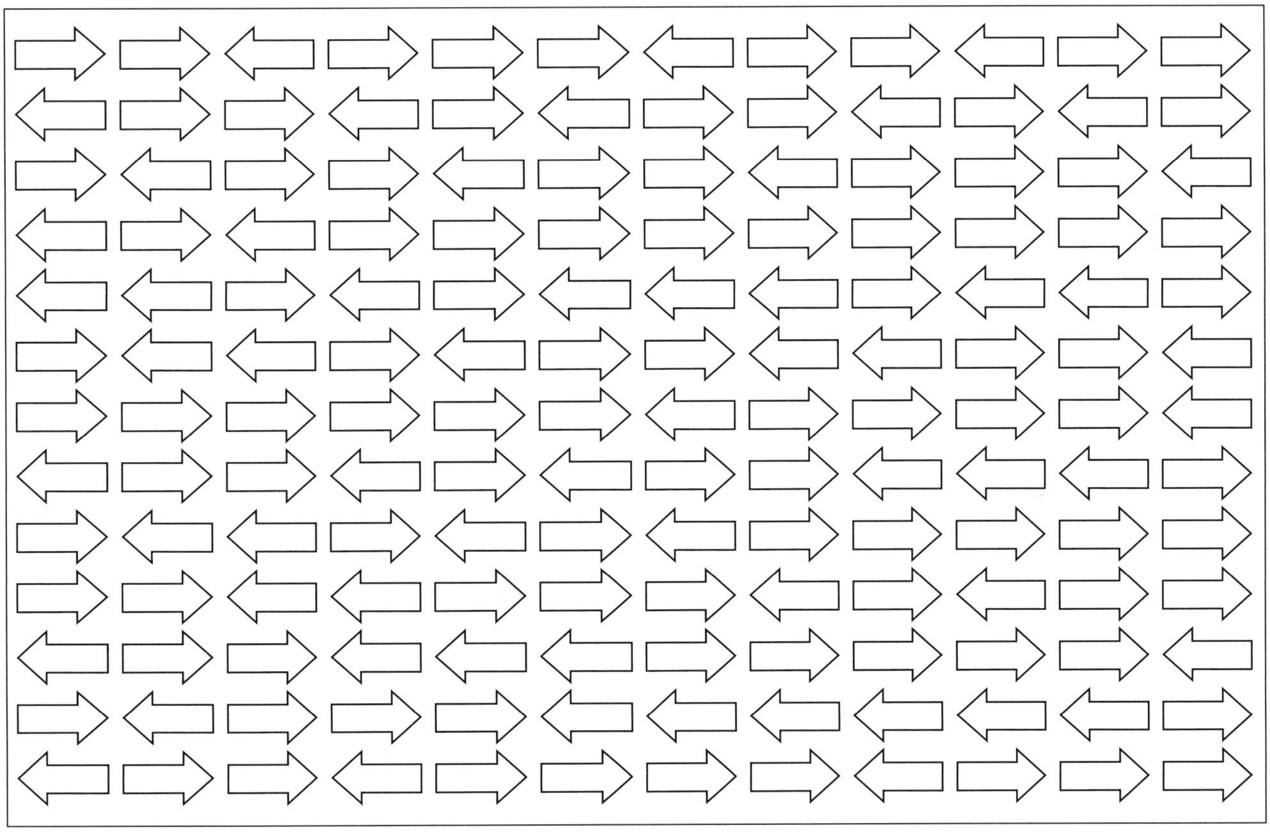

PARTNERARBEIT

Aufgabe 2: Tauscht die Arbeitsblätter und kontrolliert die Ergebnisse.
Einfacher geht das, wenn ihr die Pfeile zunächst farbig markiert, zum Beispiel die linken Pfeile blau und die rechten rot.

.... hat ☐ Pfeile richtig markiert.
(Name)

Aufgabe 3: Vergleicht eure Ergebnisse!
Versucht durch mehrfache Wiederholung, eure Ergebnisse zu verbessern.

Konzentration III

GRUPPENARBEIT

Aufgabe: Wie gut kannst du dich konzentrieren?
Bildet kleine Gruppen mit maximal 5 Schülern und Schülerinnen.
Gruppe 1 beginnt.

So geht's: Nennt reihum dem Alphabet nach Sachen oder Lebewesen, die mit dem entsprechenden Buchstaben beginnen. Also anstatt „A" sagt ihr zum Beispiel „Apfel", anstatt „B" „Bär" und so weiter.
Die Gruppe, die nicht dran ist, achtet darauf, wie weit ihr kommt. Gewonnen hat die Gruppe, die am weitesten im Alphabet kommt.

In der zweiten Runde darf die Gruppe, die gerade nicht dran ist, die anderen „stören", zum Beispiel durch Geräusche, ablenkende Bewegungen, Reinrufen …
Achtet darauf, dass es fair bleibt! Seid nicht zu laut oder gar beleidigend.

Schreibt eure Beobachtungen hier auf:

So viele Begriffe hat die Gruppe geschafft ohne Störungen:	
So viele Begriffe hat die Gruppe geschafft mit Störungen:	
Was hat die Konzentration der Gruppe besonders gestört?	
Wie hat die Gruppe auf die Störungen reagiert?	🙂 😐 🙁
So gut konnte ich mich konzentrieren:	🙂 😐 🙁

Genauigkeit I (genau messen) (1/2)

Bist du in der Lage, sorgfältig, gründlich und genau deine Arbeiten zu erledigen? Denn viele Berufe erfordern ganz genaues Arbeiten. Welche fallen dir ein?

▶ Du machst ein Praktikum in einem Fliesenfachbetrieb. Bei einem Kunden muss eine geflieste Wand ausgebessert werden. Die Fliesen waren leider nur 2. Wahl und sind deshalb nicht alle genau gleich groß.

EINZELARBEIT

Aufgabe: Miss die Lücken auf der gefliesten Wand.
Trage die Maße der fehlenden Fliesen in die Tabelle auf dem zweiten Blatt ein.

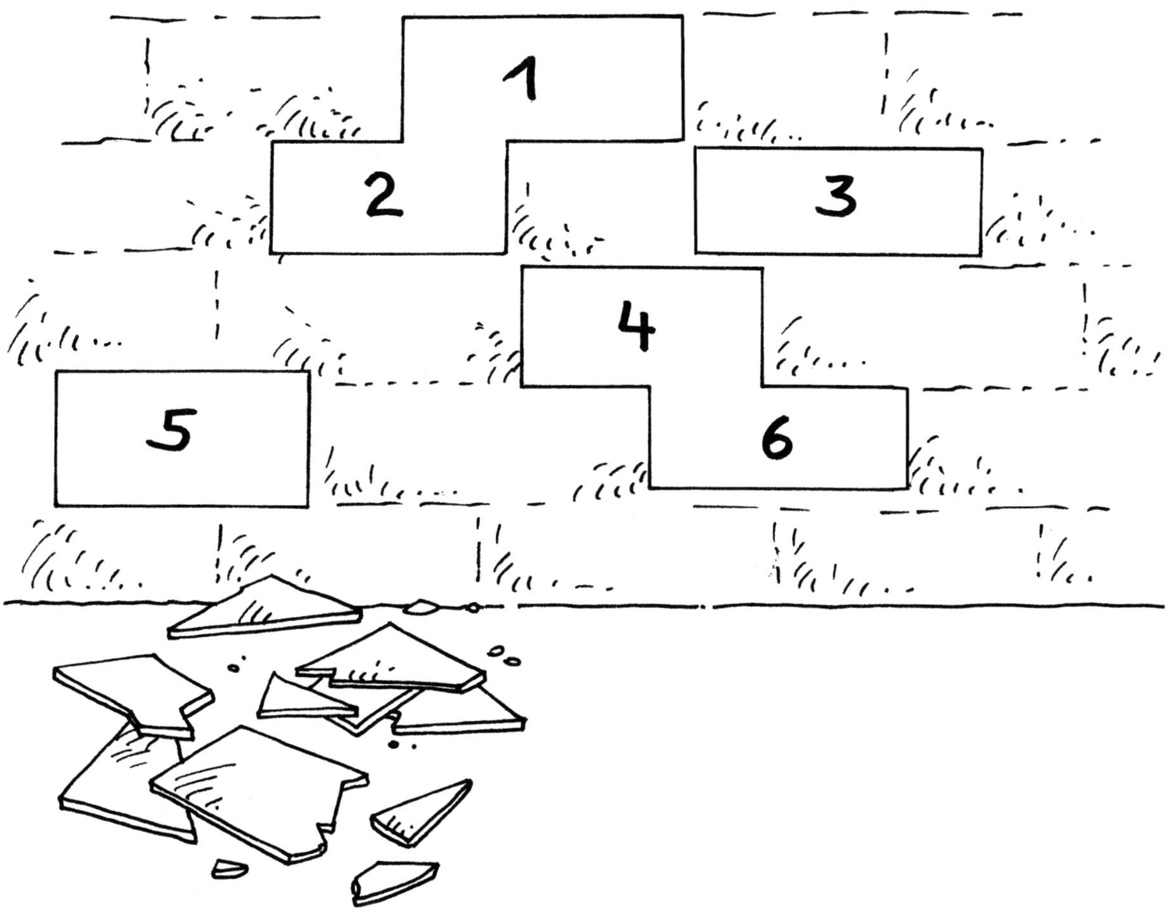

Genauigkeit I (genau messen) (2/2)

EINZELARBEIT

Aufgabe 1: Deine Chefin gibt dir mehrere Fliesen.
Miss die Fliesen aus und trage in die Tabelle ein, in welche Lücken sie passen.

A D E

B F C

	Länge (cm)	*Höhe (cm)*	*Passende Fliese (A–F)*
Lücke 1			
Lücke 2			
Lücke 3			
Lücke 4			
Lücke 5			
Lücke 6			

PARTNER- ODER GRUPPENARBEIT

Aufgabe 2: Vergleicht eure Ergebnisse.
Messt bei unterschiedlichen Ergebnissen noch einmal nach.

EINZELARBEIT

Aufgabe 3: Schneide die Fliesen aus und
klebe sie ganz genau in die Lücken der Wand.

Genauigkeit II (genau zeichnen)

▶ Du bist bei einem Malerbetrieb beschäftigt und sollst für eine Kundin einen Vorschlag für die Wandgestaltung ausarbeiten.
Die Kundin wünscht auf ihrer Wand immer kleiner werdende Quadrate.
Die Wand soll vierfarbig sein.

EINZELARBEIT

Aufgabe 1: Fertige eine Skizze für die Kundin an.
In dem Quadrat (Wand) sollen kleinere Quadrate ineinanderliegen, deren Seitenlängen jeweils 2 cm kleiner werden.

> **TIPP**
> Zwischen den Quadraten ist immer 1 cm Abstand!

Gestalte deine Skizze mit 4 Farben.

IN DER KLASSE

Aufgabe 2: Stellt die Skizzen in der Klasse vor.
Legt dazu eure Ergebnisse aus.
Schreibt zu 2 Arbeiten aus der Klasse, was euch gut gefällt.
Vielleicht fällt euch auch ein Tipp ein.

Genauigkeit III (genau schneiden)

▶ Du machst seit ein paar Wochen eine Ausbildung bei einem Friseur. Bevor du der Kundschaft die Haare schneiden darfst, solltest du ein paar Übungen machen, um deine Genauigkeit zu trainieren.

EINZELARBEIT

Aufgabe 1: Schneide den Balken aus. Schneide, ohne zu messen, immer 2 cm ab. Das sind 2 cm: ⊢——⊣

Aufgabe 2: Schneide den Balken aus. Schneide, ohne zu messen, immer 1 cm ab. Das ist 1 cm: ⊢—⊣

Aufgabe 3: Schneide genau zwischen den Linien. Du darfst die Linien nicht berühren!

PARTNER- ODER GRUPPENARBEIT

Aufgabe 4: Vergleicht eure Ergebnisse, macht gegebenenfalls Verbesserungsvorschläge.

Genauigkeit IV (messen, zeichnen, schneiden)

▶ Du arbeitest bei einer Fahrzeuglackiererei.
Eine Kundin kommt mit einem Foto von ihrem Firmenlogo.
Das Logo soll auf das Fahrzeug lackiert werden,
aber doppelt so groß!

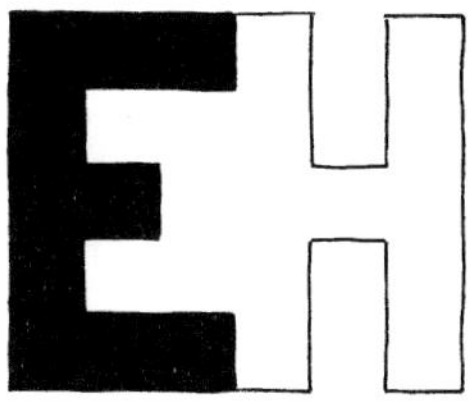

EINZELARBEIT

Aufgabe 1: Miss das Firmenlogo aus.
Nimm die gemessene Länge mal 2.
Zeichne das Firmenlogo in das Kästchen.
Schneide das Firmenlogo aus.

GRUPPENARBEIT

Aufgabe 2: Legt die Firmenlogos in der Klasse aus:
Wurde genau gemessen, gezeichnet und geschnitten?
Bewerte nun deine Arbeit. Kreuze an.

Genauigkeit	*sehr genau*	*einigermaßen genau*	*weniger genau*
Messen kann ich …			
Zeichnen kann ich …			
Schneiden kann ich …			

Spaßfaktor der Aufgaben:

So schätze ich mich ein:

Ich arbeite ☐ sehr ☐ weniger ☐ überhaupt nicht genau.

Kreativität I

GRUPPENARBEIT

Aufgabe 1: Was bedeutet der Begriff „Kreativität"?
Jedes Gruppenmitglied schreibt in 1–2 Sätzen,
was ihm zum Thema „Kreativität" einfällt.
Lest euch eure Sätze vor und schreibt eine gemeinsame Erklärung auf:

....

....

....

....

IN DER KLASSE

Aufgabe 2: Stellt eure Erklärung in der Klasse zur Diskussion.

In vielen Berufen musst du eigene Ideen haben: Der Kunde möchte Vorschläge für eine Frisur haben, der Kollege wartet auf eine gute Idee, wie ein Problem gelöst werden kann.

PARTNER- ODER GRUPPENARBEIT

Aufgabe 3: Sucht euch einen Gegenstand im Raum, den ihr verpacken wollt.

HINWEIS
Bücher sind nicht erlaubt, das ist viel zu einfach!
Nehmt Zeitungspapier, Schere und Klebefilm und verpackt den Gegenstand mit viel Fantasie. Gestaltet aus irgendetwas einen Geschenkanhänger und befestigt ihn an eurem „Geschenk".

IN DER KLASSE

Aufgabe 4: Stellt euer „Geschenk" der Klasse vor. Vergleicht die Ergebnisse:
→ Welches „Geschenk" ist kreativ verpackt?
→ Welcher Geschenkanhänger ist fantasievoll gestaltet?

Kreativität II

Auch im Umgang mit Wörtern kannst du Kreativität gut gebrauchen.
Wenn du dich in einem Bewerbungsschreiben gut ausdrücken kannst, punktest du.
Ein Kundengespräch bewältigst du locker, wenn du sprachlich fit bist.

GRUPPENARBEIT

Aufgabe: Bildet 3er- oder 4er-Gruppen.
Jedes Gruppenmitglied überlegt sich ein kurzes Wort.
Das Wort soll einen Gegenstand aus dem Raum bezeichnen.

Die erste Person sagt ihr Wort, zum Beispiel „Tafel“.
Alle schreiben nun einen Satz auf.
Die Wörter des Satzes müssen alle mit den Buchstaben des Wortes „Tafel“ beginnen:

Timo arbeitet Freitag einmal länger.

Dann nennt die nächste Person ein Wort
und alle schreiben wieder einen Satz dazu auf.
Spielt mehrere Runden. Ihr könnt in jeder Runde einen neuen Bereich wählen,
aus dem das Wort stammen soll: eine Farbe, ein Tier …

HINWEIS
„Sch“ gilt als ein Buchstabe, zum Beispiel „Tisch“: Tina isst Schaschlik.
Soll ein Wort im Satz mit „ch“, „x“, „y“ oder „q“ beginnen, dann überspringt
diesen Buchstaben!

....

....

....

Lest zum Schluss eure Sätze vor.
Was meint ihr: War die Aufgabe schwer?

TIPP
Vergleicht doch mal untereinander:
Welche Gruppe hat die meisten unterschiedlichen Sätze gefunden?

Kreativität III

Ramasan bereitet sich in einer Berufsvorbereitenden Bildungsmaßnahme (BvB) auf eine Ausbildung zum Verkäufer vor. Heute soll er mit einem Kollegen ein Schaufenster dekorieren. Die Schaufensterpuppe soll eine Sportbekleidung bekommen. Passend zur Sportart, sollen auch die entsprechenden Sportgeräte präsentiert werden.

EINZELARBEIT

Aufgabe 1: Gestalte das Schaufenster. „Kleide" die Schaufensterpuppe in ein Sport-Outfit und füge die passenden Gegenstände hinzu.

PARTNERARBEIT

Aufgabe 2: Tauscht eure Blätter mit einem Partner oder einer Partnerin.
Überlegt gemeinsam, wie ihr eure Schaufenster in der Rolle als Verkäufer oder Verkäuferin vorstellen könntet.

IN DER KLASSE

Aufgabe 3: Stellt dann das Schaufenster eures Partners oder eurer Partnerin der Klasse vor:
→ Ist euch das Gestalten des Schaufensters leicht- oder schwergefallen?
→ Hattet ihr gute Ideen für die Vorstellung des Schaufensters?

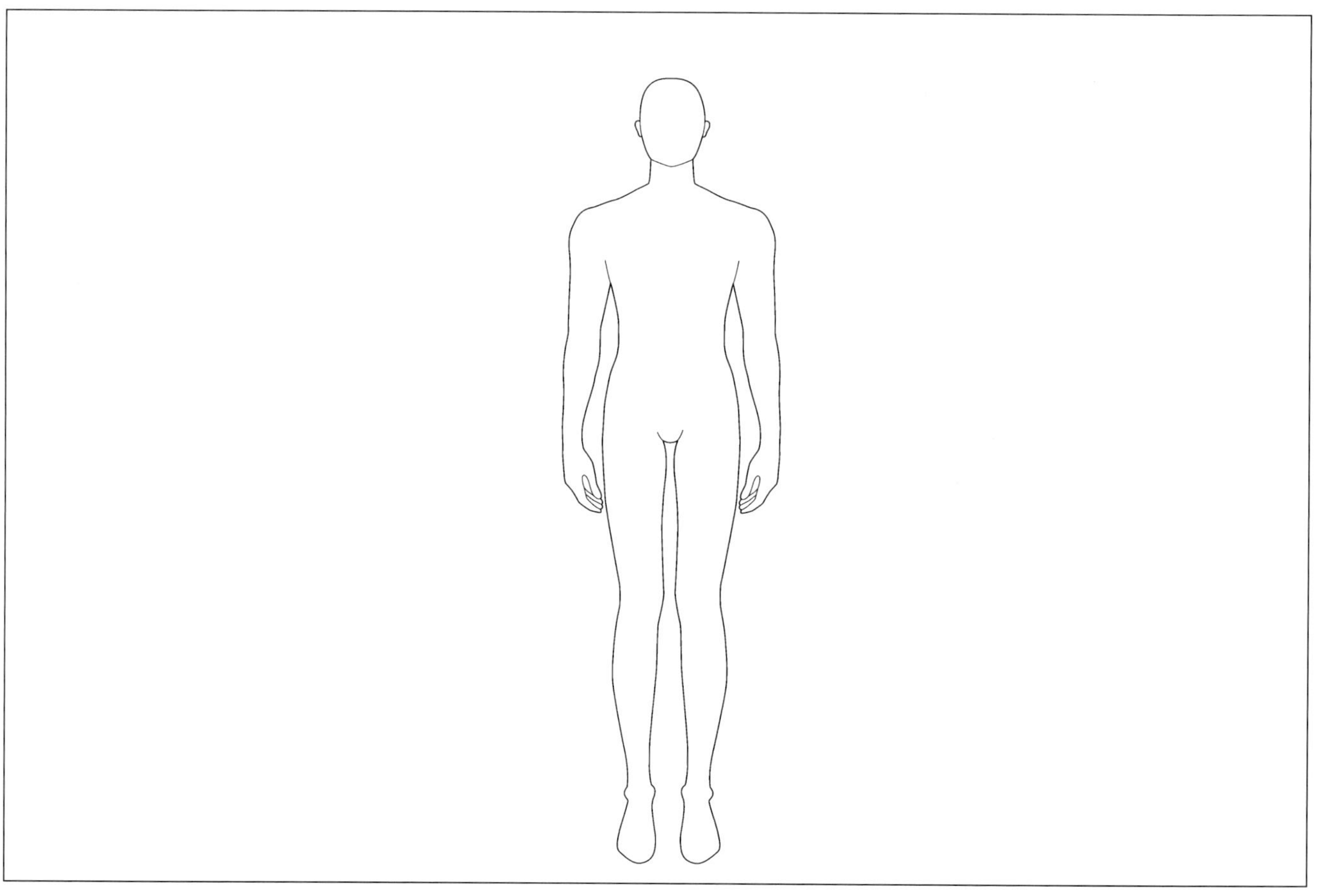

Merkfähigkeit I (1/2)

▶ Roman arbeitet als Praktikant in einem kleinen Hotel.
Am Morgen deckt er die Tische für das Frühstück.
Einige Dinge fehlen noch, die er aus der Küche holen muss.

PARTNERARBEIT

Aufgabe 1: Kannst du dir Informationen gut einprägen und sie bei Bedarf wieder abrufen?
Person A dreht das Blatt um.
Person B liest aus der Liste 1 insgesamt 7 Dinge mit einer beliebigen Anzahl vor und notiert dies auf seiner Liste. Jetzt dreht A sein Blatt wieder um und trägt die gemerkten Dinge in die eigene Liste 1 ein. Dann wird gewechselt und Liste 2 wird bearbeitet.

Liste 1:

.... Eierbecher
.... Gabeln
.... Löffel
.... Teetassen
.... Servietten
.... Wurstgabeln
.... Salzstreuer
.... Zuckerdosen
.... gekochte Eier
.... Croissants
.... Müslischalen
.... Käsescheiben
.... Äpfel
.... Bananen
.... Tomaten
.... Teller

Liste 2:

.... Untertassen
.... Messer
.... Kaffeelöffel
.... Kaffeetassen
.... Butterpäckchen
.... Eierlöffel
.... Pfefferstreuer
.... Abfallschälchen
.... Mohnbrötchen
.... Vollkornbrötchen
.... Saftgläser
.... Wurstscheiben
.... Orangen
.... Nektarinen
.... Gurken
.... Brettchen

Merkfähigkeit I (2/2)

IN DER KLASSE

Aufgabe 2: Wie viele Dinge konntet ihr euch richtig merken?
Vergleicht eure Ergebnisse in der Klasse untereinander.

PARTNER- ODER GRUPPENARBEIT

Aufgabe 3: Denkt euch eine eigene Liste mit 10–12 Wörtern zum Thema „Schultasche“ aus und lest sie einem Partner, einer Partnerin oder der Gruppe vor. Wie viele Dinge könnt ihr euch merken?
Wer schafft die meisten Wörter?

Abschlussspiel mit der Klasse:
„Ich packe meinen Koffer und nehme …“

Am besten setzt ihr euch in einen Kreis.
Eine Person beginnt und sagt einen Gegenstand, der in den Koffer gepackt wird.
Jede Person packt ein weiteres Teil in den Koffer.
Die vorher genannten Dinge müssen dabei immer in der richtigen Reihenfolge wiederholt werden. Wer sich vertut, scheidet aus.

Merkfähigkeit II (1/2)

▶ Patrick wird von seinem Kollegen gefragt, welche Materialien noch auf der Baustelle sind und deshalb am nächsten Tag nicht neu mitgenommen werden müssen.
Patrick überlegt, welche Dinge er auf der Baustelle gesehen hat.

PARTNERARBEIT

Aufgabe: Ordnet die Begriffe den Gegenständen zu.
Vergleicht eure Ergebnisse mit einem Partner oder einer Partnerin.

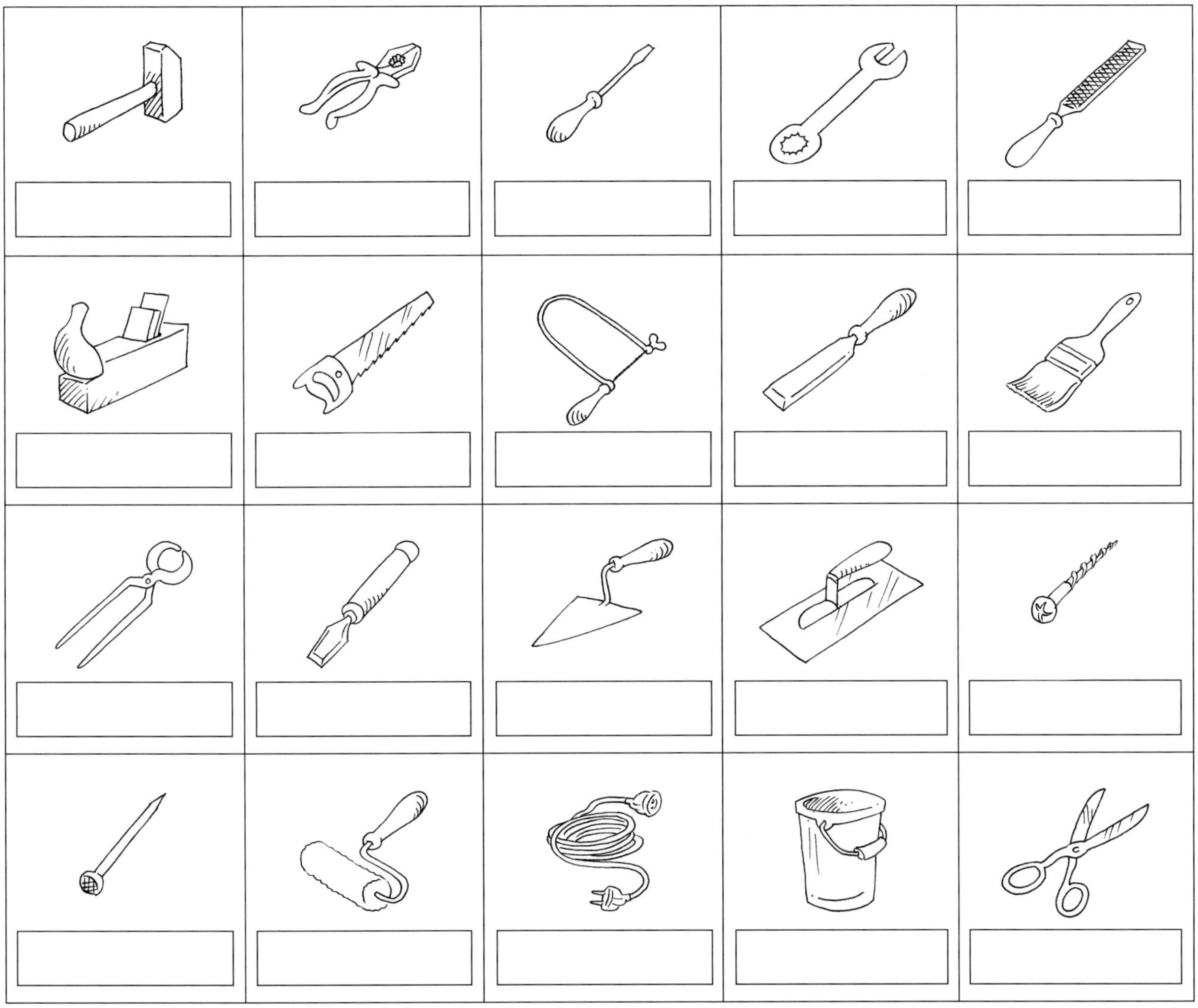

Hobel • Meißel • Nagel • Schraubendreher • Glätter • Hammer •
Säge • Schraube • Malerrolle • Schere • Putzkelle • Ringschlüssel • Kabel •
Laubsäge • Feile • Eimer • Kombizange • Pinsel • Kneifzange • Stechbeitel

Merkfähigkeit II (2/2)

EINZELARBEIT

Aufgabe 1: Nimm das Blatt mit den Werkzeugen.
Schaue dir die Dinge 15 Sekunden lang an. Lege dann das Blatt weg.
Wie viele Dinge hast du dir merken können? Schreibe auf!

1	11 ....
2	12 ....
3	13 ....
4	14 ....
5	15 ....
6	16 ....
7	17 ....
8	18 ....
9	19 ....
10	20 ....

PARTNERARBEIT

Aufgabe 2: Vergleiche dein Ergebnis mit deinem Partner oder deiner Partnerin.

GRUPPENARBEIT

Aufgabe 3: Bildet 3er- oder 4er-Gruppen.
Legt ca. 20 Dinge auf einen Tisch.
Deckt alles mit einem Tuch oder einer Jacke ab.
Wechselt die Tische: Schaut euch die Gegenstände einer anderen Gruppe 2 Minuten lang an.
Deckt den Tisch wieder zu, geht zu eurem Tisch zurück und notiert, woran ihr euch erinnern könnt.

Tauscht euch in der Gruppe aus:
→ Ist euch die Aufgabe leicht- oder schwergefallen?
→ Gibt es Tricks, die euch dabei helfen, euch etwas zu merken?

Merkfähigkeit III

▶ Fariba arbeitet in der Küche eines großen Krankenhauses.
Dort ist es oft hektisch und viele Dinge müssen schnell erledigt werden.
„Schäl schon mal die Möhren, falte die Geschirrtücher, stell die Spülmaschine an …“
Manchmal kommen da ganz schön viele Aufträge zusammen!

EINZELARBEIT

Aufgabe 1: Lies dir folgende Aufträge gut durch und präge sie dir ein.
Lege das Blatt weg und arbeite die Aufträge der Reihe nach ab.
Kreuze dann an, welche Aufgaben du gemacht hast.

- ☐ Nimm ein Blatt Papier und schreibe deinen Namen und deine Adresse auf!
- ☐ Notiere den Namen einer bekannten Persönlichkeit!
- ☐ Schreibe 5 Rechenaufgaben und deren Lösung auf!
- ☐ Notiere deinen Lieblingssong!
- ☐ Notiere die Vornamen von 3 Personen aus deiner Klasse!
- ☐ Notiere den Wochentag und das Datum von übermorgen!
- ☐ Zeichne ein Auto!
- ☐ Schreibe 3-mal deine Unterschrift!
- ☐ Notiere dein Lieblingsfach!

GRUPPENARBEIT

Aufgabe 2: Vergleicht eure Ergebnisse in der Klasse untereinander.
→ Wie viele Aufgaben habt ihr euch gemerkt und ausgeführt?
→ Könnt ihr euch gegenseitig Tipps geben, wie ihr euch etwas gut merken könnt?

Spaßfaktor der Aufgaben:	**So schätze ich mich ein:**
☺ 😐 ☹	Ich kann mir Dinge ☐ sehr ☐ weniger ☐ überhaupt nicht gut merken.

Handwerkliches Geschick I (1/2)

Für viele handwerkliche Berufe ist genaues Arbeiten sehr wichtig.
Das reicht aber nicht aus!
Du brauchst auch handwerkliches Geschick.
Das heißt, deine Hände müssen geschickt mit einem Werkstück und dem Werkzeug umgehen können.
Ob du handwerklich geschickt bist, kannst du jetzt testen.

EINZELARBEIT

Aufgabe 1: Du benötigst Wolle und einen Klebestift.
Klebe das Bild mit Wolle aus.

HINWEIS
Eine vergrößerte Vorlage des Bildes findest du auf dem zweiten Blatt!

IN DER KLASSE

Aufgabe 2: Hängt die Wollbilder in der Klasse aus.

Betrachtet eure Werke und überlegt, wessen Haus besonders gut gelungen ist.
Welche Stellen waren schwierig?
Welche Tipps könnt ihr sammeln?

Handwerkliches Geschick I (2/2)

Handwerkliches Geschick II

EINZELARBEIT

Aufgabe 1: Der Würfel besteht aus 6 gleich großen Quadraten.
Schneide zuerst die Würfelvorlage aus.
Gestalte und beschrifte nun die Flächen.
Knicke dann den Würfel an den einzelnen Linien.
Klebe zum Schluss die Laschen, wie in der Abbildung gezeigt, innen an die zugehörigen Kanten.

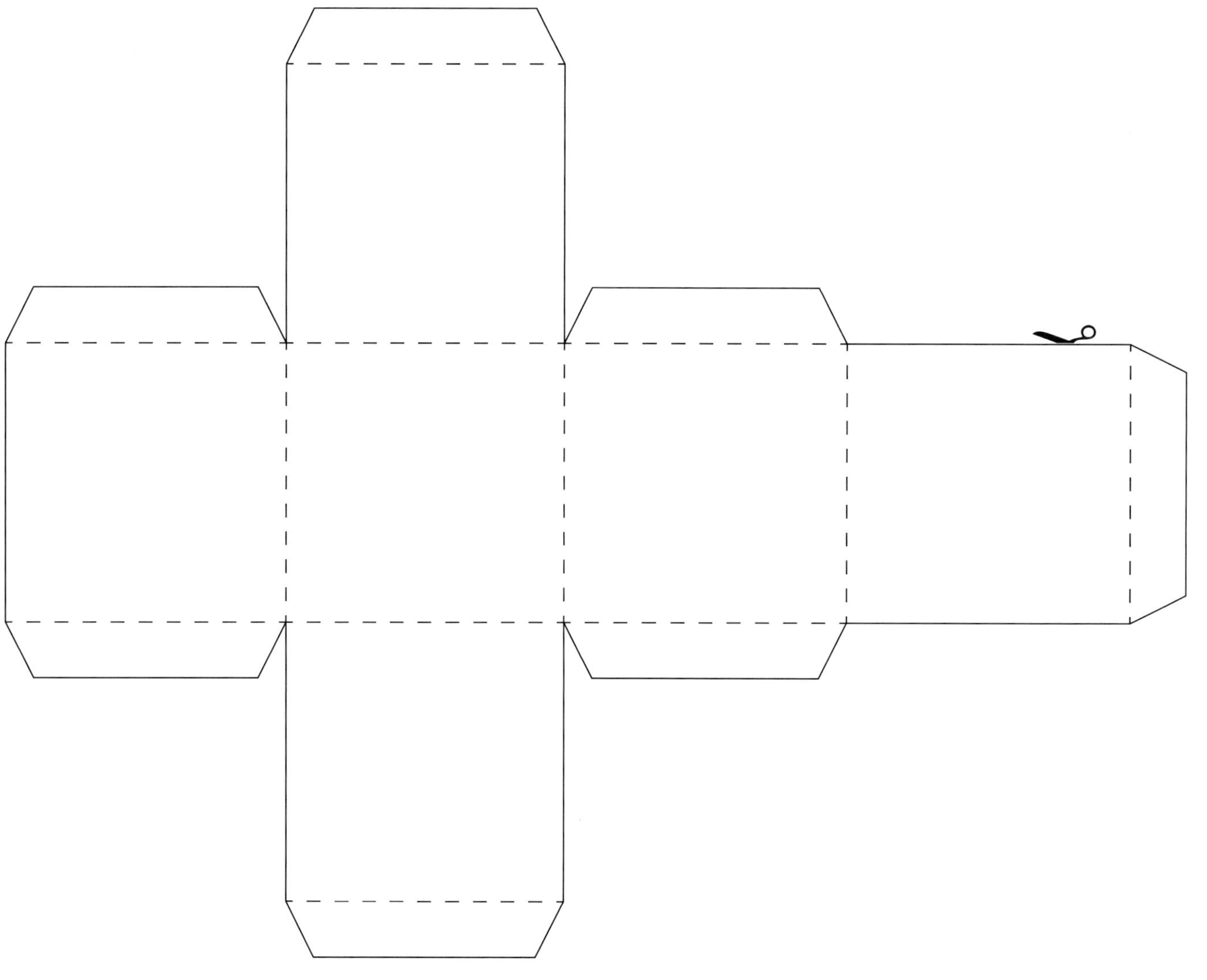

IN DER KLASSE

Aufgabe 2: Vergleicht eure Ergebnisse:
Woran erkennt ihr, dass ein Würfel besonders gut gelungen ist?

Handwerkliches Geschick III (1/2)

▶ Tamara macht ein Praktikum in einem Restaurant.
Für ein Halloweenfest soll Tamara Tischlaternen basteln.

EINZELARBEIT

Aufgabe 1: Schneide die Tischlaterne auf dem zweiten Blatt aus und benutze sie als Schablone.

Lege sie auf farbiges Tonpapier und zeichne die Umrisse nach.

Schneide jetzt die Tischlaterne und die Kürbisgesichter aus.

Klebe von innen Transparentpapier hinter die ausgeschnittenen Kürbisgesichter.

Klebe zum Schluss das Haus zusammen.

!

HINWEIS
Das Dach nicht zusammenkleben, sonst fängt es an, zu brennen, wenn ihr ein Teelicht hineinstellt!

IN DER KLASSE

Aufgabe 2: Vergleicht eure Ergebnisse:
Wem fällt Schneiden, Falten und Kleben leicht?
Sammelt Tipps, wie ihr euer handwerkliches Geschick trainieren könnt.

....

....

....

....

....

....

....

....

Handwerkliches Geschick III (2/2)

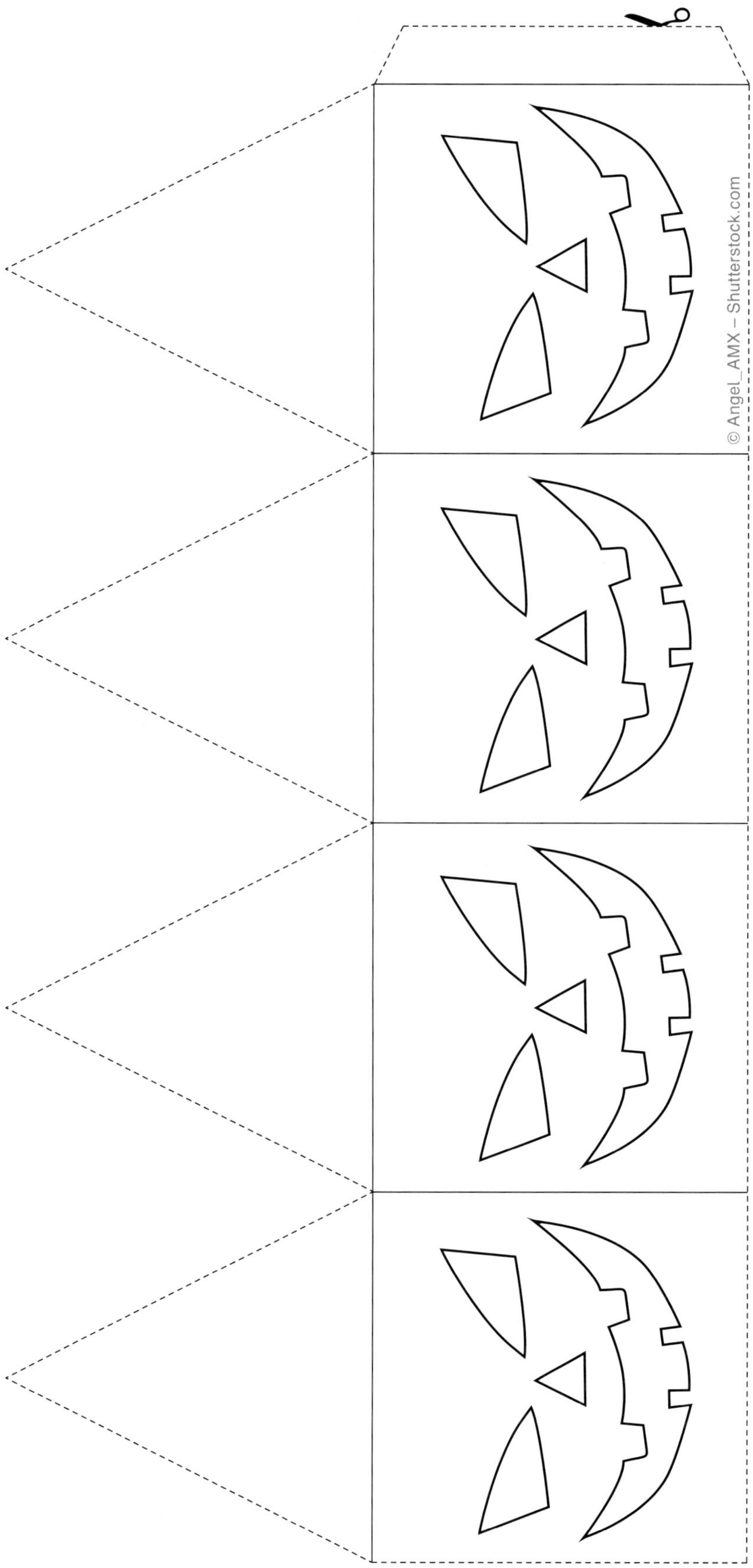

Räumliches Vorstellungsvermögen I (1/2)

Wenn du dich gedanklich im Raum zurechtfindest und du dir Räume oder Körper innerlich vor Augen führen kannst, dann hast du ein gutes räumliches Vorstellungsvermögen.

▶ Jessica absolviert ein Werkstattjahr, um danach eine Ausbildung zur Ausbaufacharbeiterin zu beginnen. Sie benötigt ein gutes räumliches Vorstellungsvermögen, da sie später mithilfe einer Zeichnung Wände in einem Raum aufstellen muss.

EINZELARBEIT

Aufgabe 1: Das Puzzle auf dem zweiten Blatt ist noch nicht fertig. Wo gehören die fehlenden Teile hin? Trage die Puzzleteile in die Tabelle ein.

PARTNERARBEIT

Aufgabe 2: Vergleicht eure Ergebnisse mit einem Partner oder einer Partnerin. Schneidet die Puzzleteile aus und klebt sie in die Lücken.

Beim Schneiden und Kleben trainierst du auch folgende Kompetenzen:

.... und ....

Räumliches Vorstellungsvermögen I (2/2)

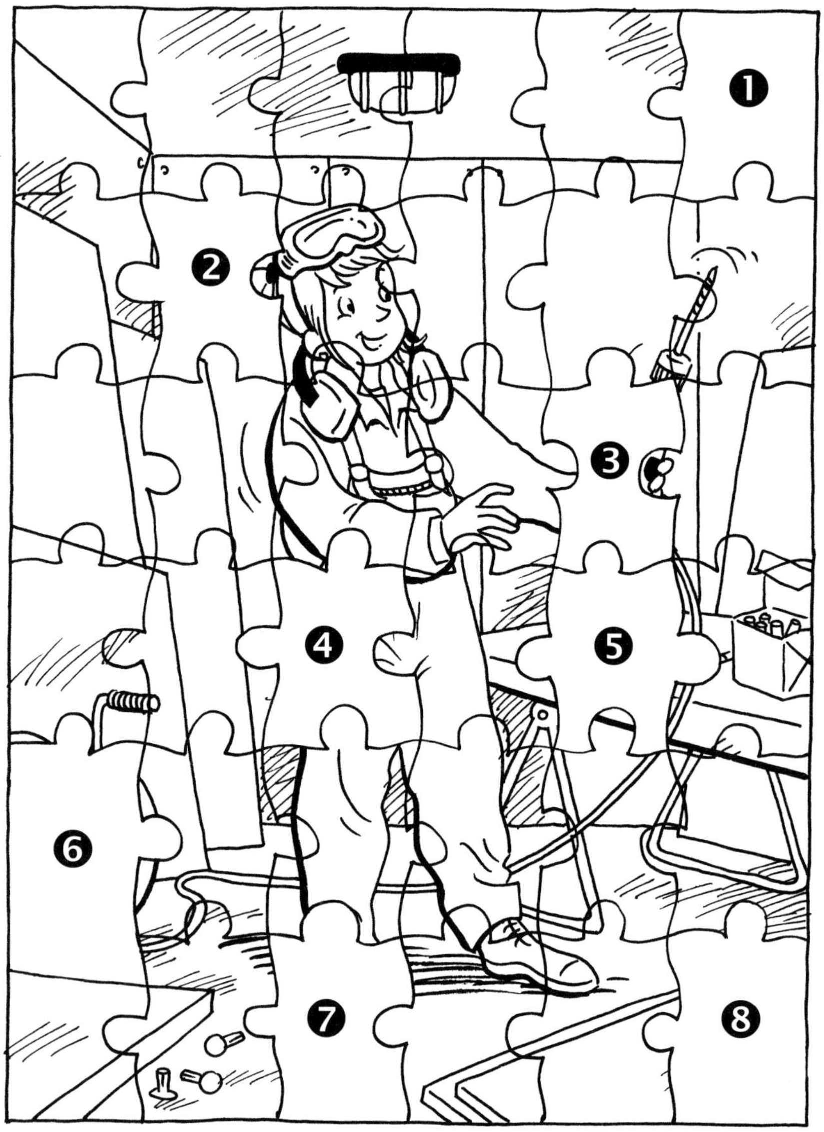

A

B

C

D

E

F

G

H

	Puzzleteil (A–H)	*richtig*	*falsch*
Lücke 1			
Lücke 2			
Lücke 3			
Lücke 4			
Lücke 5			
Lücke 6			
Lücke 7			
Lücke 8			

Räumliches Vorstellungsvermögen II

▶ Auch Marvin muss sein räumliches Vorstellungsvermögen noch weiter trainieren, da er eine Ausbildung zum Holzbearbeiter machen will. Er muss auf einer Zeichnung erkennen, wie ein Werkstück später aussehen soll.

EINZELARBEIT

Aufgabe 1: Welche Figur kannst du aus den folgenden Teilen zusammenlegen? Kreuze die richtige Antwort an.

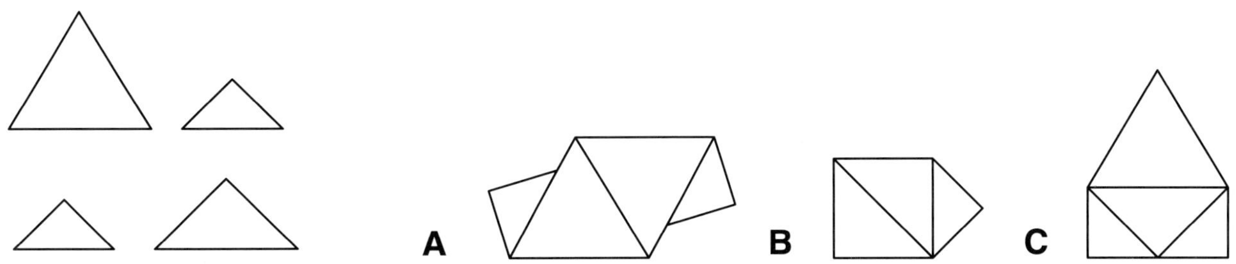

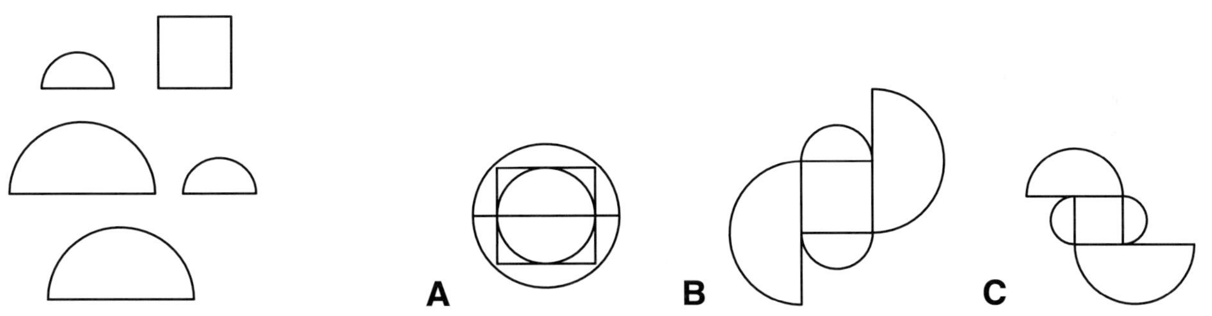

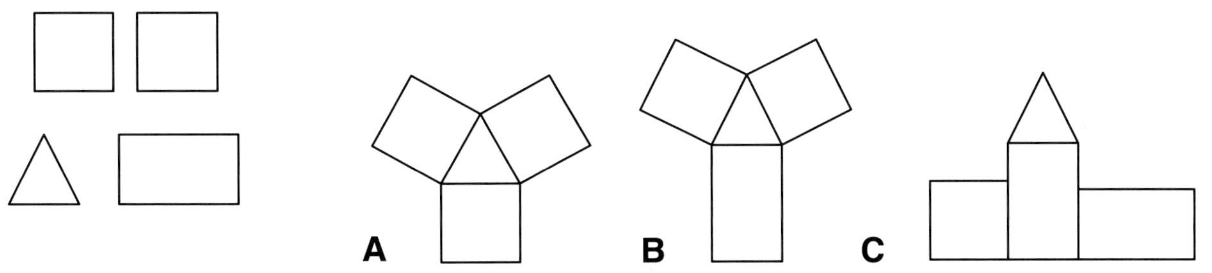

PARTNERARBEIT

Aufgabe 2: Vergleicht eure Ergebnisse mit einem Partner oder einer Partnerin.

Technisches Verständnis I

Alle Berufe, bei denen große Maschinen bedient werden, erfordern technisches Verständnis.
Besonders gefordert ist diese Fähigkeit in der Metallverarbeitung und bei einigen handwerklichen Berufen.

EINZELARBEIT

Aufgabe 1: Überlege, wie du reagieren würdest. Kreuze an!

1. **Dein elektrischer Rasenmäher springt nicht an.**
   R) Zündkerze wechseln
   S) Benzin nachfüllen
   T) Kabel überprüfen

2. **Dein Computer geht plötzlich aus, der Drucker funktioniert aber noch.**
   E) Netzteil überprüfen
   F) Sicherung im Sicherungskasten überprüfen
   G) das CD-Laufwerk ausbauen

3. **Das Auto bremst nicht richtig.**
   A) die Bremsscheiben abschleifen
   B) die Bremsen ölen
   C) die Bremsbeläge überprüfen

4. **Der Kaffee aus der Maschine schmeckt nicht mehr.**
   H) die Maschine entkalken
   I) neue Kaffeesorte suchen
   J) das Wasser erst abkochen

5. **Die Wäsche kommt sehr nass aus der Waschmaschine.**
   M) das Waschmittel wechseln
   N) das Flusensieb reinigen
   O) die Trommel reinigen

6. **Der Akkuschrauber will die Schraube nicht in die Wand schrauben.**
   I) den Schalter auf „Rechtslauf“ stellen
   J) auf eine höhere Stufe stellen
   K) den Akku austauschen

7. **Der Fernseher zeigt auf allen Kanälen nur Schnee.**
   J) Sicherung überprüfen
   K) Kabel überprüfen
   L) abwarten, bis die Sender wieder arbeiten

Lösungswort:

IN DER KLASSE

Aufgabe 2: Vergleicht und diskutiert eure Ergebnisse:
→ Wer kennt sich mit der Technik aus?
→ Wer traut sich zu, einen Computer zu reparieren?

Technisches Verständnis II

EINZELARBEIT

Wie gut ist dein technisches Verständnis?

Aufgabe 1: Kreuze an!

1. Welche Heizung gibt mehr Wärme ab?
J) Heizung A
K) Heizung B
L) beide gleich viel

2. Welche Seite der Wippe geht hoch?
H) die linke Seite
I) die rechte Seite
J) Die Wippe bleibt ausgeglichen.

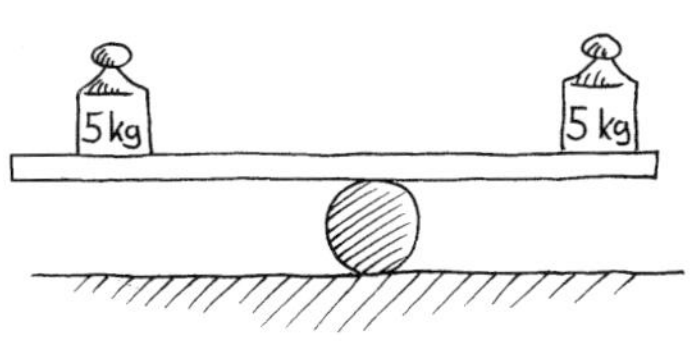

3. Welches Regal ist am stabilsten gebaut?
N) das linke Regal
O) das rechte Regal
P) beide gleich stabil

4. In welche Vase passt am meisten Wasser?
M) Gefäß A
N) Gefäß B
O) Gefäß C

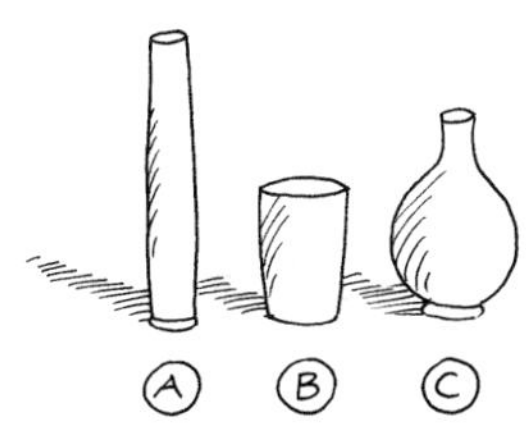

Lösungswort:

☐ ☐ ☐ ☐

IN DER KLASSE

Aufgabe 2: Vergleicht und diskutiert eure Ergebnisse:
→ Wem sind die Aufgaben sehr leicht gefallen?
→ Wem machen solche Aufgaben Spaß?

Spaßfaktor der Aufgaben:	**So schätze ich mich ein:**
😊 😐 ☹	Ich habe ein ☐ sehr gutes ☐ weniger gutes ☐ überhaupt kein gutes technisches Verständnis.

Körperliche Belastbarkeit I

Bei vielen Berufen ist körperliche Belastbarkeit eine Grundvoraussetzung.
Damit ist nicht nur die Kraft gemeint!
Auch andere körperliche Anstrengungen, wie zum Beispiel langes Stehen, kommen im Praktikum oder in der Ausbildung auf euch zu.

GRUPPENARBEIT

Aufgabe 1: Zunächst überlegst du dir allein 3 Berufe, die körperlich anstrengend sind. Schreibe diese Berufe auf 3 Zettel.

Gebt die Zettel im Uhrzeigersinn weiter und notiert darauf, welche Tätigkeiten bei diesem Beruf körperlich anstrengend sind.

Lest eure Zettel der Reihe nach vor.
Diskutiert und entscheidet euch für 5 Berufe, bei denen körperliche Belastbarkeit besonders gefragt ist.

Beruf:	Tätigkeiten:
Beruf:	Tätigkeiten:
Beruf:	Tätigkeiten:
Beruf:	Tätigkeiten:
Beruf:	Tätigkeiten:

IN DER KLASSE

Aufgabe 2: Präsentiert und diskutiert eure Ergebnisse in der Klasse.

Körperliche Belastbarkeit II

Es gibt auch Berufe, bei denen du richtig viel Kraft brauchst. Egal ob du Fliesen schleppen oder schwere Holzbalken heben musst, Kraft ist dafür unverzichtbar. Aber auch in der Altenpflege brauchst du viel Kraft beim Heben und Versorgen eines alten Menschen.

TIPP Am besten geht ihr auf den Schulhof oder in die Turnhalle.

GRUPPENARBEIT

Aufgabe 1: Bildet 3er-Teams.
2 von euch stellen sich einander gegenüber auf und geben sich mit gekreuzten Armen die Hände. Die dritte Person setzt sich auf den so entstandenen Sitz und lässt sich tragen.

Wer ist eine gute „Trägerin“ oder ein guter „Träger“?

Das habe ich ☐ sehr gut ☐ zufriedenstellend ☐ weniger gut gekonnt.

Aufgabe 2: Bildet 2er-Teams.
Betätigt euch als „Möbelträgerin“ oder „Möbelträger“. Nehmt einen Tisch und tragt ihn einmal auf den Schulhof und wieder zurück. Der Tisch darf unterwegs nicht abgesetzt werden und er darf nirgendwo anstoßen!

Wer ist eine gute „Möbelträgerin“ oder ein guter „Möbelträger“?

Das habe ich ☐ sehr gut ☐ zufriedenstellend ☐ weniger gut gekonnt.

Aufgabe 3: Überlegt kurz allein und dann in Gruppen, wie ihr im Alltag eure Fitness verbessern könnt. Schreibt diese Dinge auf.

IN DER KLASSE

Aufgabe 4: Präsentiert und diskutiert eure Ergebnisse in der Klasse.

Spaßfaktor der Aufgaben:	So schätze ich mich ein:
☺ 😐 ☹	Ich bin ☐ sehr ☐ weniger ☐ überhaupt nicht körperlich belastbar.

Alltagssituationen erfassen I

Überall dort, wo du mit anderen Menschen, egal ob Kundschaft oder Teammitgliedern, umgehen musst, ist es wichtig, dass du alltägliche Situationen richtig einschätzen und entsprechend reagieren kannst.

EINZELARBEIT

Aufgabe 1: Schaue dir das Bild an. Schreibe auf, was deiner Meinung nach passiert ist.

PARTNERARBEIT

Aufgabe 2: Suche dir einen Partner oder eine Partnerin.
Vergleicht eure Überlegungen.

Aufgabe 3: Notiert im Heft oder auf der Rückseite dieses Arbeitsblatts, wie die Betroffenen reagieren.
Was denken und sagen sie?

a) die Kundin
b) die Verkäuferin
c) ihr, die Aushilfen in der Bäckerei

IN DER KLASSE

Aufgabe 4: Vergleicht eure Ergebnisse in der Klasse.

Alltagssituationen erfassen II

PARTNERARBEIT

Aufgabe 1: Suche dir einen Partner oder eine Partnerin.
Bearbeitet gemeinsam die folgenden Situationen und schreibt eure Antworten ins Heft oder auf die Rückseite dieses Arbeitsblattes.

Überlegt für jede Situation:
→ Welche möglichen Erklärungen habt ihr für das Verhalten?
→ Wie verhaltet ihr euch?

1. Situation:
Du arbeitest in einem Modegeschäft. Eine Kundin verschwindet mit einem Teil in einer Umkleidekabine. Nach 10 Minuten ist die Kundin immer noch in der Kabine.

2. Situation:
Du arbeitest in einem Neubau als Gebäudereiniger. Dein Kollege will noch etwas aus dem Auto holen. Als er nicht zurückkommt, schaust du nach: Das Auto steht an seinem Platz, aber der Kollege ist nicht zu finden.

3. Situation:
Du machst eine Ausbildung zum Friseur und färbst einer Kundin die Haare. Die Kundin fängt plötzlich an, zu weinen, Tränen kullern ihr über die Wange.

4. Situation:
Du bist in einem Alten- und Pflegeheim beschäftigt und verteilst das Mittagessen. Ein alter Mann beschimpft dich und wirft einen Löffel nach dir.

Aufgabe 2: Sucht euch einen Fall aus, den ihr eurer Meinung nach besonders gut gelöst habt. Präsentiert ihn der Klasse.

Spaßfaktor der Aufgaben:	**So schätze ich mich ein:**
☺ 😐 ☹	Ich kann Situationen im Alltag ☐ sehr ☐ weniger ☐ überhaupt nicht gut erfassen.

Organisationsfähigkeit I (1/2)

In vielen Berufen ist es wichtig, auch mehrere Aufgaben zu erledigen. „Ich werde kurz in Aufgaben eingewiesen und muss diese dann sofort übernehmen“, erzählt Gina.

▶ Gina macht eine Ausbildung zur Hauswirtschaftshelferin. Sie hat noch einige Aufgaben vor sich und in 2 Stunden muss alles erledigt sein!

EINZELARBEIT

Aufgabe 1: Schneide die Aufgaben aus und sortiere sie so, dass um 16 Uhr alles erledigt ist.

TIPP Überlege: Was kann gleichzeitig erledigt werden?

Waschmaschine einräumen und anstellen (10 Min.) Waschmaschinengang braucht 90 Min.!	Auflaufform aus dem Ofen nehmen, auf den Tisch stellen und Portionen verteilen (10 Min.)
Gehacktes mit Ei und Brötchen zubereiten und würzen (10 Min.)	Kartoffeln kochen Kartoffeln brauchen 20 Min.!
Waschmaschine ausstellen	Wäsche aus der Maschine nehmen und aufhängen (20 Min.)
Auflaufform in den Ofen stellen Der Auflauf braucht 10 Min.!	gebügelte Handtücher in den Schrank räumen (10 Min.)
trockene Handtücher von der Leine nehmen und bügeln (20 Min.)	Gehacktes mit den Kartoffeln in eine Auflaufform geben und mit Käse bestreuen (10 Min.)
Gehacktes braten (10 Min.)	Kartoffeln vom Herd nehmen
Kartoffeln schälen (10 Min.)	Tisch decken (10 Min.)

Organisationsfähigkeit I (2/2)

GRUPPENARBEIT

Aufgabe 2: Vergleicht eure Ergebnisse und einigt euch auf eine Reihenfolge.
Erstellt einen Zeitplan. Klebt die Aufgabenkarten ein.

Uhrzeit	Aufgaben	Das kann gleichzeitig gemacht werden …
14:00		

IN DER KLASSE

Aufgabe 3: Vergleicht und diskutiert eure Ergebnisse in der Klasse.

Organisationsfähigkeit I (Musterlösung)

Uhrzeit	Aufgaben	Das kann gleichzeitig gemacht werden ...
14:00	Waschmaschine einräumen und anstellen (10 Min.) Waschmaschinengang braucht 90 Min.!	
14:10	Kartoffeln schälen (10 Min.)	
14:20	Gehacktes mit Ei und Brötchen zubereiten und würzen (10 Min.)	Kartoffeln kochen Kartoffeln brauchen 20 Min.!
14:30	Gehacktes braten (10 Min.)	
14:40	Kartoffeln vom Herd nehmen.	Gehacktes mit den Kartoffeln in eine Auflaufform geben und mit Käse bestreuen (10 Min.)
14:50	Tisch decken (10 Min.)	Auflaufform in den Ofen stellen Der Auflauf braucht 10 Min.!
15:00	Auflaufform aus dem Ofen nehmen, auf den Tisch stellen und Portionen verteilen (10 Min.)	
15:10	trockene Handtücher von der Leine nehmen und bügeln (20 Min.)	
15:20		
15:30	gebügelte Handtücher in den Schrank räumen. (10 Min.)	
15:40	Waschmaschine ausstellen.	Wäsche aus der Maschine nehmen und aufhängen (20 Min.)

Organisationsfähigkeit II (1/2)

▶ Simon macht eine Ausbildung zum Fahrradmonteur.
Sein Chef hat ihm seine heutigen Aufgaben aufgeschrieben.
Simon befindet sich im Hauptgeschäft der Firma.

PARTNERARBEIT

Aufgabe 1: Wie würdet ihr die Aufträge erledigen?
Notiert eine sinnvolle Reihenfolge!

TIPP Es gibt mehrere Möglichkeiten!

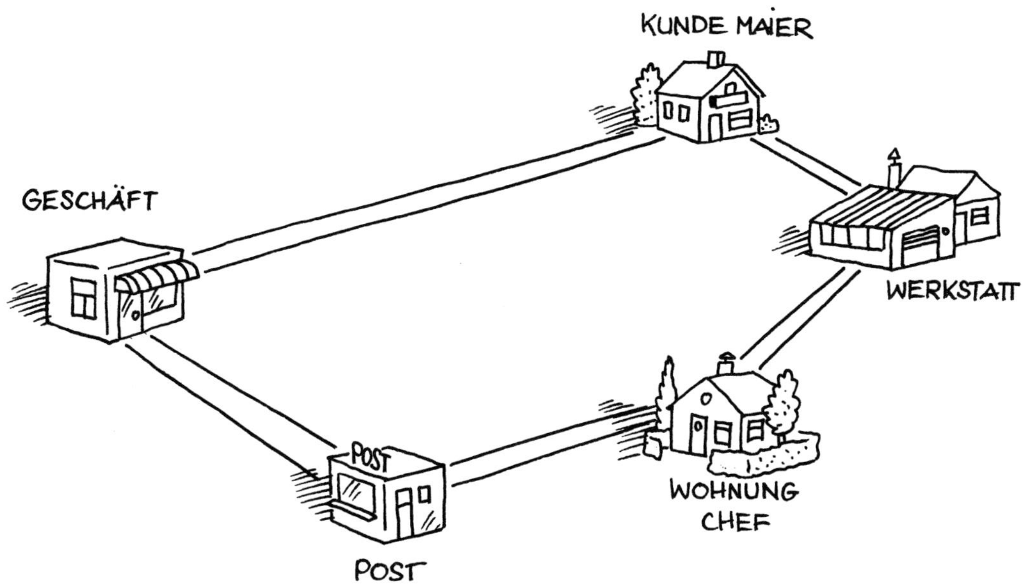

- [ ] Hole aus der Werkstatt ein Pedal.
- [ ] Bringe das fertige Rad zu Kunde Maier.
- [ ] Bringe den Schlüssel zur Werkstatt, wenn du das Geschäft abgeschlossen hast.
- [ ] Kunde Maier gibt dir Geld für die Fahrradreparatur, das du zur Wohnung des Chefs bringst.
- [ ] Bringe die Pedale zum Geschäft.
- [ ] Hole das fertige Rad aus der Werkstatt.
- [ ] Bringe das Paket zum Wohnhaus des Chefs.
- [ ] Vom Wohnhaus des Chefs bringst du bitte einen Schlüssel mit, um später das Geschäft abzuschließen.
- [ ] Schließe das Geschäft mit dem Schlüssel ab.
- [ ] Hole ein Paket von der Post ab.

Organisationsfähigkeit II (2/2)

IN DER KLASSE

Aufgabe 2: Vergleicht und diskutiert eure Ergebnisse in der Klasse.
Schreibt eure Lösung auf.

Als Erstes holt Simon ...

Spaßfaktor der Aufgaben:	So schätze ich mich ein:
☺ 😐 ☹	Ich kann mich ☐ sehr ☐ weniger ☐ überhaupt nicht gut organisieren.

Organisationsfähigkeit II (Lösung)

a) Dies ist eine mögliche Lösung:

1. Hole das fertige Rad aus der Werkstatt.
2. Bringe das fertige Rad zu Kunde Maier.
3. Kunde Maier gibt dir Geld für die Fahrradreparatur, das du zur Wohnung des Chefs bringst.
4. Vom Wohnhaus des Chefs bringst du bitte den Schlüssel mit, um später das Geschäft abzuschließen.
5. Hole aus der Werkstatt ein Pedal.
6. Bringe die Pedale zum Geschäft.
7. Schließe das Geschäft mit dem Schlüssel ab.
8. Hole ein Paket von der Post ab.
9. Bringe das Paket zum Wohnhaus des Chefs.
10. Bringe den Schlüssel zur Werkstatt, wenn du das Geschäft abgeschlossen hast.

b) Dies ist eine weitere mögliche Lösung:

1. Hole das fertige Rad aus der Werkstatt.
2. Bringe das fertige Rad zu Kunde Maier.
3. Kunde Maier gibt dir Geld für die Fahrradreparatur, das du zur Wohnung des Chefs bringst.
4. Hole ein Paket von der Post ab.
5. Bringe das Paket zum Wohnhaus des Chefs.
6. Vom Wohnhaus des Chefs bringst du bitte den Schlüssel mit, um später das Geschäft abzuschließen.
7. Hole aus der Werkstatt ein Pedal.
8. Bringe die Pedale zum Geschäft.
9. Schließe das Geschäft mit dem Schlüssel ab.
10. Bringe den Schlüssel zur Werkstatt, wenn du das Geschäft abgeschlossen hast.

Wortgewandtheit I (1/2)

Sich gut ausdrücken zu können, ist in jedem Beruf gefragt.
Es wird erwartet, dass du deine eigene Meinung überzeugend vorbringen kannst.
Außerdem gibt es viele Berufe, bei denen es wichtig ist, dass du dich gerne mit anderen Menschen unterhältst.
Viele erwarten beim Haareschneiden eine angeregte Unterhaltung.
Als Verkäufer/in musst du gut beraten, um etwas zu verkaufen.
Als Fliesenleger/in musst du deine Kundschaft von einem Material überzeugen können.
Es ist also von Vorteil, wenn du überzeugen kannst und Spaß am Reden und an Unterhaltungen hast.

▶ Dennis arbeitet in einem Altenheim als Altenpflegehelfer. Er bekommt die Aufgabe, mit Herrn Krüger, der im Rollstuhl sitzt, einen Spaziergang zu machen. Herr Krüger hat dazu keine Lust. Dennis versucht, ihn zu überzeugen.

GRUPPENARBEIT

Aufgabe 1: Bildet 2 Gruppen.

Alle Mitglieder der ersten Gruppe notieren zunächst allein, mit welchen Argumenten Dennis Herrn Krüger überzeugen könnte. Besprecht die Argumente und ergänzt.

Alle Mitglieder der zweiten Gruppe notieren zunächst allein, mit welchen Argumenten Herr Krüger versuchen wird, nicht nach draußen gehen zu müssen. Besprecht die Argumente und ergänzt.

GRUPPENARBEIT

Aufgabe 2: Bildet jetzt 2er- oder 4er-Teams aus beiden Gruppen. Schreibt ein Gespräch auf, bei dem Dennis und Herr Krüger ihre Argumente vorbringen.

Wortgewandtheit I (2/2)

GRUPPENARBEIT

Aufgabe 3: Neben der Fähigkeit, zu argumentieren, musst du auch Freude am Reden haben. Übt das Gespräch ein und spielt es in der Klasse vor.

Wortgewandtheit II

GRUPPENARBEIT

Aufgabe: Bildet 3er-Gruppen.
Schneidet die Karten aus und verteilt sie gleichmäßig untereinander.
Jede Person muss nun den fett gedruckten Begriff auf der Karte erklären, darf aber die 3 Wörter darunter nicht benutzen.
Wer einen Begriff errät, bekommt die Karte.
Dann ist die nächste Person mit dem Erklären an der Reihe.
Wer zum Schluss die meisten Karten gesammelt hat, gewinnt.

ABSCHLUSSPRÜFUNG Ende Prüfung Noten	**KÜNDIGUNG** Ende Schluss Grund	**BERUFSWAHL** Arbeitsamt Lernen Ausbildung
AUSBILDUNGSVERTRAG Unterschrift abschließen Betrieb	**AUTOLACKIERER/IN** Auto Lack sprühen	**FRISEUR/IN** Haare Schere schneiden
BERICHTSHEFT Pflicht aufschreiben Nachweis	**MAURER/IN** Kelle Steine mauern	**MALER/IN** Farbe Pinsel anstreichen
TANKWART/IN Auto Tankstelle Benzin	**AUSBILDUNGSBERUF** Lehre lernen Prüfung	**SCHREINER/IN** Säge Holz sägen
AUSBILDUNGSDAUER Länge Jahre Zeit	**ARBEITSZEIT** Stunden Tag Stechuhr	**ALTENPFLEGER/IN** alte Menschen pflegen Altenheim
KELLNER/IN Gast Essen bedienen	**GÄRTNER/IN** Pflanzen Rasen graben	**GEBÄUDEREINIGER/IN** Putzmittel Wasser reinigen
PÜNKTLICHKEIT Beginn zu spät Minute	**AUSZUBILDENDE/R** Azubi Ausbildung Lehre	**BERUFSSCHULPFLICHT** Lernen schwänzen blaumachen

Wortgewandtheit III

EINZELARBEIT

Aufgabe 1: Raheem möchte ein Praktikum an einer Tankstelle machen.
Er stellt sich dort vor und fragt nach einem Praktikumsplatz.
Die Tankstellenbesitzerin, Frau Diesel, hat einige Fragen und Raheem auch.
Welche Fragen könnten sich Raheem und Frau Diesel gegenseitig stellen?

PARTNERARBEIT

Aufgabe 2: Vergleicht eure Ergebnisse mit einem Partner oder einer Partnerin und ergänzt weitere Fragen.

Aufgabe 3: Schreibt mithilfe der Fragen ein Gespräch zwischen Raheem und Frau Diesel auf. Übt das Gespräch ein und spielt es in der Klasse vor.

IN DER KLASSE

Aufgabe 4: Tauscht euch in der Klasse aus:
→ Wer kann besonders gut argumentieren oder denkt sich gute Fragen aus?
→ Wer traut sich, vor allen zu sprechen?
→ Wer hat Lust, die Situation nachzuspielen?

Spaßfaktor der Aufgaben:	**So schätze ich mich ein:**
☺ 😐 ☹	Ich bin ☐ sehr ☐ weniger ☐ überhaupt nicht wortgewandt.

Hilfsbereitschaft I

Hilfsbereitschaft ist eigentlich in allen Berufen gefragt, besonders im sozialen Bereich und in allen Dienstleistungsberufen.
Als Verkäufer/in musst du vielleicht auch mal anbieten, eine schwere Kiste zum Auto zu tragen.
In der Altenpflege stehst du den Menschen ständig helfend zur Seite.
Aber auch andere Tätigkeiten, zum Beispiel im Garten- und Landschaftsbau, erfordern Hilfsbereitschaft, um Kunden und Kundinnen zufrieden zu stellen.

EINZELARBEIT

Aufgabe 1: Wobei hast du jemandem in letzter Zeit geholfen?
Berichte davon.

GRUPPENARBEIT

Aufgabe 2: Bildet 3er-Gruppen.
Überlegt, wo eure Hilfsbereitschaft gefragt ist. Jede Person übernimmt einen Bereich, dann besprecht und ergänzt ihr gemeinsam die einzelnen Kästchen.

IN DER KLASSE

Aufgabe 3: Präsentiert und vergleicht eure Ergebnisse in der Klasse.

Schule	zu Hause	Freizeit

Hilfsbereitschaft II

GRUPPENARBEIT

In der Schule zeigt sich deine Hilfsbereitschaft in vielen Situationen.

Aufgabe 1: Überlege, wie hilfsbereit du bist, und bearbeite die folgenden Situationen.

Aufgabe 2: Lest dann eure Selbsteinschätzungen vor.
Die anderen Gruppenmitglieder stimmen dieser Einschätzung zu oder nicht.

Situation	*Kein Problem!*	*Ne, nicht mein Ding!*	*Zustimmung ja/nein*
Ein Mitschüler bittet dich, ihm einen Bleistift auszuleihen.			
Du wirst aufgefordert, die Tafel zu putzen.			
Du sollst Papier aufheben, welches du nicht auf den Boden geworfen hast.			
Du sollst einer Mitschülerin, die nebenan wohnt, am Nachmittag die Hausaufgaben vorbeibringen.			
Du sollst dem Hausmeister nach dem Unterricht helfen, ein paar neue Tische in das Gebäude zu tragen.			
Du sollst auf dem Schulhof die jüngeren Schüler beaufsichtigen und auf die eigene Pause verzichten.			
Eine Lehrkraft bittet dich, einen schweren Karton aus dem Auto zu holen.			
Eine Mitschülerin hat ihren Geldbeutel verloren. Hilfst du nach dem Unterricht, ihn zu suchen?			
Du sollst in der Pause am Schülerkiosk aushelfen.			

!

HINWEIS
Diese Kompetenz kann hier nur durch Selbst- und Fremdeinschätzung überprüft werden. Daher fehlt an diese Stelle der Spaßsmiley.

So schätze ich mich ein:

Ich bin ☐ sehr ☐ weniger ☐ überhaupt nicht hilfsbereit.

Lärm- und Geruchsempfindlichkeit (1/2)

Machen dir Lärm und Geruch nichts aus? Oder bist du eher empfindlich?

▶ Thomas macht ein Praktikum beim Fliesenleger.
Auf der Baustelle ist den ganzen Tag Lärm:
Bohrmaschinen und Winkelschleifer laufen um die Wette.
Ein Arbeiter öffnet jetzt den Abfluss in dem Badezimmer, in dem Thomas arbeitet.
Jetzt fängt es auch noch an, fürchterlich zu stinken.
Thomas hat sich jedoch an Lärm und Geruch gewöhnt.

PARTNERARBEIT

Wie ist das bei euch bei dem Thema „Lärm und schlechte Gerüche"?

Aufgabe 1: Lest dazu die Beispiele in der Spalte „Situation" durch und schätzt euch gegenseitig ein.
Überlegt, was euer Partner oder eure Partnerin ankreuzen würde:
stimmt, stimmt eher nicht, stimmt nicht?

Aufgabe 2: Tauscht euch dann über eure Einschätzungen aus:
Wie seht ihr euch selbst?
Kreuzt dazu in der Spalte „Einschätzung" *richtig (+)* oder *nicht richtig (–)* an!

IN DER KLASSE

Aufgabe 3: Besprecht eure Einschätzungen in der Klasse:
→ Wer hat kein Problem mit Lärm und schlechten Gerüchen?
→ Wer ist da eher empfindlich?

HINWEIS
Diese Kompetenz kann hier nur durch Selbst- und Fremdeinschätzung überprüft werden. Daher fehlen an dieser Stelle die Spaßsmileys.

So schätze ich mich ein:			
Arbeit, bei der es laut ist, ist für mich	☐ okay	☐ weniger okay	☐ nicht okay!
Arbeit, bei der es schlecht riecht, ist für mich	☐ okay	☐ weniger okay	☐ nicht okay!

Lärm- und Geruchsempfindlichkeit (2/2)

Situation	*Stimmt*	*Stimmt eher nicht*	*Stimmt nicht*	**Einschätzung:** *richtig (+), nicht richtig (–)*
In der Disco neben den Boxen zu stehen, macht dir nichts aus.				
Du hältst dir nicht sofort die Ohren zu, wenn ein Bohrer läuft.				
Der Lärm im Werkunterricht stört dich nicht.				
Du magst die Geräusche auf der Kirmes.				
Wenn es laut ist, schreist du halt.				
Du hörst gerne sehr laut Musik.				
Der Geruch einer Mülltonne stört dich nicht.				
Du hast kein Problem mit dem Geruch von Leberwurst.				
Über ein frisch gedüngtes Feld zu gehen, ist für dich okay.				
Du kannst dir vorstellen, einen Pferdestall auszumisten.				
Den Geruch von Erbrochenem kannst du ertragen.				

Kälte- und Wärmeempfindlichkeit (1/2)

Bist du eine Frostbeule oder macht bei Hitze dein Kreislauf schnell schlapp? Oder machen dir Kälte und Wärme eigentlich nichts aus?

▶ Marek wird Bäcker. In der Backstube ist es durch die Öfen immer mollig warm, im Sommer ist die Hitze manchmal jedoch kaum zu ertragen.
Marek hat damit kein Problem. Er mag Hitze und ist froh, bei der Arbeit nicht frieren zu müssen. Marie dagegen wird zur Tankwartin ausgebildet.
Sie muss auch bei Schnee und Eis draußen den Service, wie zum Beispiel Öl nachschauen, machen. Dabei ist ihr oft sehr kalt und sie kann ihre Finger nach einiger Zeit kaum noch bewegen.

PARTNERARBEIT

Wie ist das bei euch mit Kälte und Wärme?

Aufgabe 1: Schätzt euch gegenseitig ein.
Lest dazu die Beispiele in der Spalte „Situation" durch.
Überlegt, was euer Partner oder eure Partnerin ankreuzen würde:
stimmt, stimmt eher nicht, stimmt nicht?

Aufgabe 2: Tauscht euch dann über eure Einschätzungen aus:
Wie seht ihr euch selbst?
Kreuzt dazu in der Spalte „Einschätzung" *richtig (+)* oder *nicht richtig (–)* an!

IN DER KLASSE

Aufgabe 3: Besprecht eure Einschätzungen in der Klasse:
→ Wer hat kein Problem mit Kälte und Wärme?
→ Wer ist da eher empfindlich?

HINWEIS
Diese Kompetenz kann hier nur durch Selbst- und Fremdeinschätzung überprüft werden. Daher fehlen an dieser Stelle die Spaßsmileys.

So schätze ich mich ein:

Arbeit, bei der es kalt ist, ist für mich	☐ okay	☐ weniger okay	☐ nicht okay!
Arbeit, bei der es sehr warm, ist für mich	☐ okay	☐ weniger okay	☐ nicht okay!

Kälte- und Wärmeempfindlichkeit (2/2)

Situation	*stimmt*	*stimmt eher nicht*	*stimmt nicht*	**Einschätzung:** *richtig (+), nicht richtig (–)*
Du gehst auch im Winter gerne raus in die Pause.				
Du frierst nicht oft.				
Du arbeitest in der Schule gerne bei offenem Fenster.				
Du bist gerne im Schnee unterwegs.				
Du gehst auch ins Freibad, wenn es nicht so heiß ist.				
Du arbeitest gerne draußen.				
Du kommst nicht so leicht ins Schwitzen.				
Du bist gerne in der Sonne, auch wenn es heiß ist.				
Du magst es gerne mollig warm.				
Du lässt die Fenster gerne zu.				
Dir macht es nichts aus, dich im Sommer ins heiße Auto zu setzen.				

Meine Kompetenzen (1/2)

Name: ....

Kompetenz	*Kann ich sehr gut.*	*Kann ich weniger gut.*	*Kann ich nicht gut.*			
Zuverlässigkeit Auf mich kann man sich verlassen. Aufgaben, die mir aufgetragen werden, erledige ich so, dass alle zufrieden sind.						
Selbstständigkeit Ich kann mich selbst organisieren.						
Allgemeinbildung Ich weiß einige Dinge, die für jeden Menschen nützlich sein können.						
Belastbarkeit/Leistungsbereitschaft Ich lasse mich bei Schwierigkeiten nicht entmutigen oder ablenken.						
Konfliktfähigkeit Ich löse Meinungsverschiedenheiten sachlich und ruhig.						
Teamfähigkeit Ich kann gut mit anderen Menschen zusammenarbeiten.						
Kommunikationsfähigkeit Ich kann anderen Menschen zuhören, mit ihnen sprechen und eigene Vorschläge begründen.						
Konzentration Ich kann mich auf eine Sache konzentrieren und lasse mich nicht ablenken.						
Genauigkeit Ich kann meine Aufgaben sorgfältig und genau erledigen.						
Kreativität Ich habe eigene Ideen und Vorstellungen. Ich kann neue Ideen einbringen.						
Merkfähigkeit Ich kann mir Informationen gut einprägen und merken.						

Meine Kompetenzen (2/2)

Kompetenz	*Kann ich sehr gut.*	*Kann ich weniger gut.*	*Kann ich nicht gut.*			
Handwerkliches Geschick Ich kann geschickt mit Werkzeug und den Werkstücken umgehen.						
Räumliches Vorstellungsvermögen Ich kann mich in einem Raum zurechtfinden und kann ihn mir innerlich vor Augen führen.						
Technisches Verständnis Ich verstehe, wie Maschinen funktionieren.						
Alltagssituationen erfassen Ich kann alltägliche Situationen richtig einschätzen und entsprechend handeln.						
Organisationsfähigkeit Ich kann mehrere Aufgaben organisieren.						
Wortgewandtheit Ich unterhalte mich gerne mit anderen Menschen und kann meine eigene Meinung gut und überzeugend vertreten.						
Hilfsbereitschaft Ich helfe anderen gerne.						
Körperliche Belastbarkeit Ich komme mit körperlich anstrengenden Berufen klar. Ich kann zum Beispiel lange stehen.						

Individuelle Kompetenzen	*okay*	*weniger okay*	*nicht okay*
Lärmempfindlichkeit Ich kann auch in einer lauten Umgebung gut arbeiten.			
Geruchsempfindlichkeit Ich habe keine Probleme mit schlechten Gerüchen.			
Kälteempfindlichkeit Ich kann in einer kalten Umgebung gut arbeiten.			
Wärmeempfindlichkeit Ich kann in einer warmen Umgebung gut arbeiten.			

Meine Kompetenzen – Fremdeinschätzung (1/2)

Name: ....

Kompetenz	*Das kannst du sehr gut.*	*Das kannst du weniger gut.*	*Das kannst du nicht gut.*
Zuverlässigkeit Auf den Schüler/die Schülerin kann man sich verlassen. Aufgaben werden zur Zufriedenheit aller erledigt.			
Selbstständigkeit Der Schüler/die Schülerin kann sich selbst organisieren.			
Allgemeinbildung Der Schüler/die Schülerin weiß einige Dinge, die für jeden Menschen nützlich sein können.			
Belastbarkeit/Leistungsbereitschaft Der Schüler/die Schülerin lässt sich bei Schwierigkeiten nicht entmutigen oder ablenken.			
Konfliktfähigkeit Der Schüler/die Schülerin löst Meinungsverschiedenheiten sachlich und ruhig.			
Teamfähigkeit Der Schüler/die Schülerin kann gut mit anderen Menschen zusammenarbeiten.			
Kommunikationsfähigkeit Der Schüler/die Schülerin kann anderen Menschen zuhören, mit ihnen sprechen und eigene Vorschläge begründen.			
Konzentration Der Schüler/die Schülerin kann sich auf eine Sache konzentrieren und lässt sich nicht ablenken.			
Genauigkeit Der Schüler/die Schülerin kann die Aufgaben sorgfältig und genau erledigen.			
Kreativität Der Schüler/die Schülerin hat eigene Ideen und Vorstellungen. Er/Sie kann neue Ideen einbringen.			
Merkfähigkeit Der Schüler/die Schülerin kann sich Informationen gut einprägen und merken.			

Meine Kompetenzen – Fremdeinschätzung (2/2)

Kompetenz	*Das kannst du sehr gut.*	*Das kannst du weniger gut.*	*Das kannst du nicht gut.*
Handwerkliches Geschick Der Schüler/die Schülerin kann geschickt mit Werkzeug und den Werkstücken umgehen.			
Räumliches Vorstellungsvermögen Der Schüler/die Schülerin kann sich in einem Raum zurechtfinden und kann ihn sich vorstellen.			
Technisches Verständnis Der Schüler/die Schülerin versteht, wie Maschinen funktionieren.			
Alltagssituationen erfassen Der Schüler/die Schülerin kann alltägliche Situationen richtig einschätzen und entsprechend handeln.			
Organisationsfähigkeit Der Schüler/die Schülerin kann mehrere Aufgaben organisieren.			
Wortgewandtheit Der Schüler/die Schülerin unterhält sich gerne mit anderen Menschen und kann seine/ihre eigene Meinung gut und überzeugend vertreten.			
Hilfsbereitschaft Der Schüler/die Schülerin hilft anderen gerne.			
Körperliche Belastbarkeit Der Schüler/die Schülerin kommt mit körperlich anstrengenden Berufen klar (zum Beispiel langes Stehen).			

Individuelle Kompetenzen	*okay*	*weniger okay*	*nicht okay*
Lärmempfindlichkeit Der Schüler/die Schülerin kann auch in einer lauten Umgebung gut arbeiten.			
Geruchsempfindlichkeit Der Schüler/die Schülerin hat keine Probleme mit schlechten Gerüchen.			
Kälteempfindlichkeit Der Schüler/die Schülerin kann in einer kalten Umgebung gut arbeiten.			
Wärmeempfindlichkeit Der Schüler/die Schülerin kann in einer warmen Umgebung gut arbeiten.			

Mein persönliches Profil (1/2)

EINZELARBEIT

Aufgabe 1: Markiere die Tätigkeiten, die du gerne machen würdest.

bauen und Material bearbeiten

anbauen und züchten

montieren und reparieren

reinigen

gestalten und malen

pflegen und helfen

verpacken und transportieren

zubereiten und kochen

entwickeln und schreiben

bedienen und verkaufen

Maschinen steuern und bedienen

mit Tieren arbeiten

Aufgabe 2: Markiere die Orte, an denen du gerne arbeiten würdest.

	Küche		Werkstatt		Altenheim
	im Freien		Büro		Laden oder Geschäft
	Baustelle		Lager		Kindertagesstätte

Aufgabe 3: Markiere, wie du gerne arbeiten würdest.

	allein		in einem kleinen Team		in einem großen Team

Mein persönliches Profil (2/2)

Aufgabe 4: Markiere, zu welchen Zeiten du gerne arbeiten würdest.

	von morgens bis abends		auch am Wochenende und an Feiertagen
	auch nachts		im Schichtdienst

Aufgabe 5: Kreuze an, welche Berufe dich interessieren würden.

BERUFE IM BEREICH BAU

- [ ] Maler/in und Lackierer/in
- [ ] Tischler/in und Holzbearbeiter/in
- [ ] Fliesenleger/in

BERUFE IM BEREICH FAHRZEUGTECHNIK

- [ ] Fahrzeuglackierer/in
- [ ] Fachpraktiker/in für Kfz-Mechatroniker
- [ ] Fahrradmonteur/in
- [ ] Tankwart/in

BERUFE IM BEREICH LEBENSMITTEL

- [ ] Fachpraktiker/in Küche
- [ ] Fachverkäufer/in im Lebensmittelhandwerk (Fleischerei)
- [ ] Fleischer/in
- [ ] Fachverkäufer/in im Lebensmittelhandwerk (Bäckerei)

BERUFE IM BEREICH DIENSTLEISTUNG

- [ ] Hauswirtschaftsassistent/in
- [ ] Fachpraktiker/in im Gastgewerbe
- [ ] Friseur/in
- [ ] Verkäufer/in

BERUFE IM BEREICH HAUS UND GARTEN

- [ ] Gebäudereiniger/in
- [ ] Fachpraktiker/in im Gartenbau
- [ ] Florist/in
- [ ] Altenpflegehelfer/in

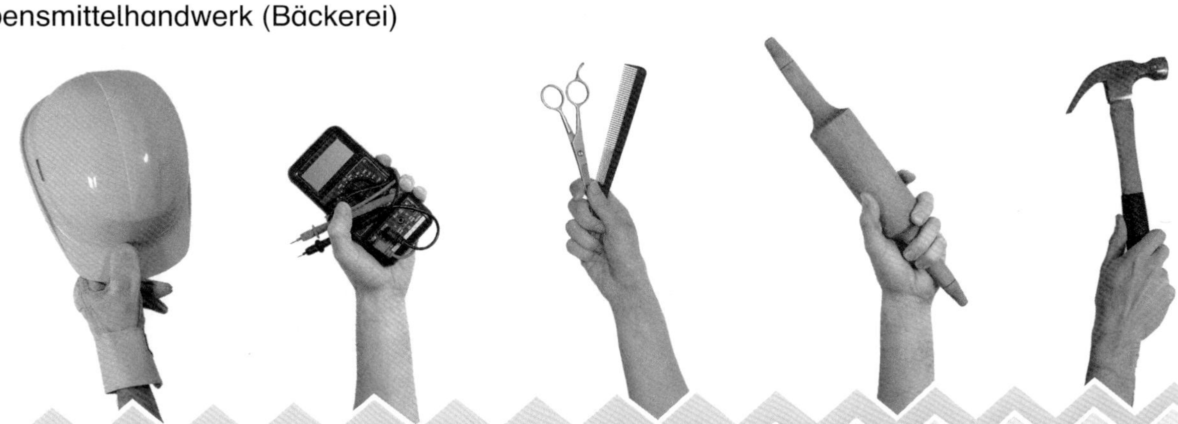

Auswertungsbogen für die Lehrkraft (1/2)

Dieser Bogen dient der Auswertung für die Lehrkraft.
Was kann deine Lehrkraft sich für dich vorstellen?
Vergleiche das mit deinen Vorstellungen und sprich mit deiner Lehrkraft darüber!

Diese Tätigkeiten könnte .... gut durchführen:

bauen und Material bearbeiten

anbauen und züchten

montieren und reparieren

reinigen

gestalten und malen

pflegen und helfen

verpacken und transportieren

zubereiten und kochen

entwickeln und schreiben

bedienen und verkaufen

Maschinen steuern und bedienen

mit Tieren arbeiten

An diesen Orten könnte .... arbeiten:

Küche		Werkstatt		Altenheim	
im Freien		Büro		Laden oder Geschäft	
Baustelle		Lager		Kindertagesstätte	

Auswertungsbogen für die Lehrkraft (2/2)

So könnte ………………………………………… gut arbeiten:

allein		in einem kleinen Team		in einem großen Team	

Diese Berufe könnte ………………………………………… gut ausführen:

BERUFE IM BEREICH BAU

☐ Maler/in und Lackierer/in

☐ Tischler/in und Holzbearbeiter/in

☐ Fliesenleger/in

BERUFE IM BEREICH FAHRZEUGTECHNIK

☐ Fahrzeuglackierer/in

☐ Fachpraktiker/in für Kfz-Mechatroniker

☐ Fahrradmonteur/in

☐ Tankwart/in

BERUFE IM BEREICH LEBENSMITTEL

☐ Fachpraktiker/in Küche

☐ Fachverkäufer/in im Lebensmittelhandwerk (Fleischerei)

☐ Fleischer/in

☐ Fachverkäufer/in im Lebensmittelhandwerk (Bäckerei)

BERUFE IM BEREICH DIENSTLEISTUNG

☐ Hauswirtschaftsassistent/in

☐ Fachpraktiker/in im Gastgewerbe

☐ Friseur/in

☐ Verkäufer/in

BERUFE IM BEREICH HAUS UND GARTEN

☐ Gebäudereiniger/in

☐ Fachpraktiker/in im Gartenbau

☐ Florist/in

☐ Altenpflegehelfer/in

INFO

Maler/in und Lackierer/in

Hey, ich bin Volkan und mache eine überbetriebliche Ausbildung zum Maler und Lackierer. Überbetrieblich heißt, dass ich nicht in einem echten Betrieb arbeite, sondern in einer extra dafür eingerichteten Werkstatt alle Tätigkeiten eines Malers und Lackierers lerne. Hier bekomme ich von den Ausbilderinnen und Ausbildern viel Unterstützung. Und wenn ich mal etwas länger brauche, ist das auch in Ordnung.

Am meisten Spaß macht es mir, Teile von Wänden mit Mustern zu gestalten. Das fertige Band aus Mustern heißt bei uns Bordüre. Dabei muss ich mich konzentrieren und ich brauche eine ruhige Hand. Die Arbeit geht ganz schön in die Arme, wenn man stundenlang mit dem Pinsel in dieser Höhe arbeitet. Aber es ist cool, wenn die Bordüre fertig ist und alle begeistert sind.
Wie viele Arbeiten vor dem eigentlichen Streichen notwendig sind, wusste ich erst gar nicht. Zuerst wird der Kunde beraten, Farben werden ausgesucht und der Raum wird vorbereitet. Da sind räumliches Vorstellungsvermögen und Kreativität gefragt. Tapeten abreißen, Wände ausbessern, Fensterrahmen abschleifen und lackieren, das alles erfordert Ausdauer und handwerkliches Geschick.

Nach der Arbeit müssen die Werkzeuge, vor allem die Pinsel, gründlich gereinigt werden. Das ist nervig, aber wichtig. Einmal hatte ich echt keine Lust dazu, da war mein Chef stinksauer!

Zu Hause und bei meinen Kolleginnen und Kollegen bin ich jetzt ein gefragter Typ. Als Fachmann kann ich jetzt Tapeten auch auf krummen Wänden gerade anbringen.

Draußen arbeite ich auch ganz gerne, nur nicht bei schlechtem Wetter. Letzten Monat haben wir eine Hausfassade neugestaltet und ich habe auf einem Gerüst gearbeitet – das war ziemlich wackelig.

Die Berufsschule ist ganz schön schwer, besonders Mathe. Aber wenn du Farben selber mischen und Farbmengen ausrechnen willst, ist es wichtig, sich mit dem Dreisatz auszukennen.

Weitere Informationen zum Beruf Maler/in und Lackierer/in findest du hier:
https://planet-beruf.de/schuelerinnen/berufe-finden/a-z/ausbildungsberufe-m/maler-in-und-lackierer-in

Maler/in und Lackierer/in

Maler/innen und Lackierer/innen führen viele Tätigkeiten aus und benötigen dazu viele verschiedene Kompetenzen.

EINZELARBEIT

Aufgabe 1: Teilt die Klasse in 2 Gruppen auf.
Jede Person der Gruppe A markiert im Text die Kompetenzen, die Volkan in seinem Beruf braucht.
Jede Person der Gruppe B markiert im Text die Tätigkeiten, die Volkan beschreibt.

GRUPPENARBEIT

Aufgabe 2: Bildet dann Kompetenz- und Tätigkeitsgruppen (bis zu 4 Mitglieder aus Gruppe A oder B).
Besprecht und notiert eure Ergebnisse.

PARTNERARBEIT

Aufgabe 3: Bildet 2er-Teams mit je einer Person aus Gruppe A und B.
Überlegt, welche Kompetenzen für welche Tätigkeiten benötigt werden.
Schreibt die zueinander passenden Kompetenzen und Tätigkeiten in je ein Feld.
Fallen euch noch mehr Tätigkeiten von Maler/innen und Lackierer/innen ein?

IN DER KLASSE

Aufgabe 4: Vergleicht und diskutiert eure Ergebnisse in der Klasse.

Maler/in und Lackierer/in

EINZELARBEIT

Aufgabe: Zeichne ein ähnliches Muster für eine Wandgestaltung (Bordüre) auf weißen Karton oder ein Stück Tapete. Hänge diese Vorlage in etwa 1,50 m Höhe an die Wand.
Gestalte die Bordüre farbig mit Acryl- oder Wasserfarbe.
Arbeite genau und sorgfältig!

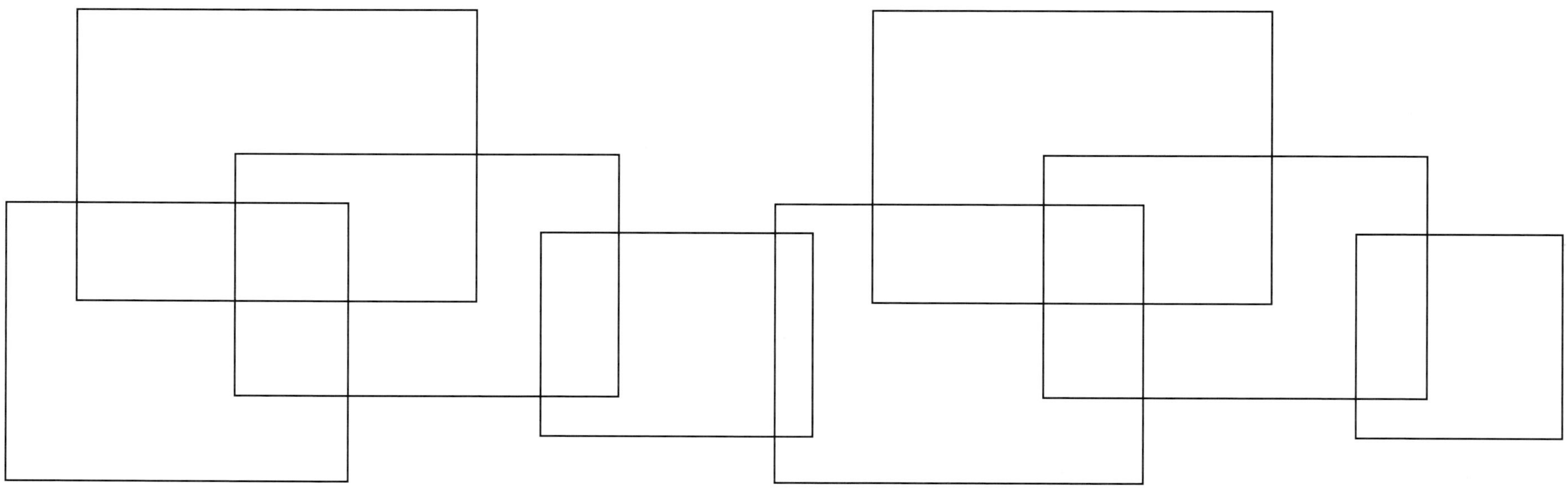

Den Beruf Maler/in und Lackierer/in kann ich mir ☐ gut ☐ vielleicht ☐ gar nicht vorstellen.

INFO

Tischler/in und Holzbearbeiter/in

▶ Svenja besucht mit ihrer Klasse ein Berufsbildungswerk. In der Holzwerkstatt trifft sie René, der hier eine Ausbildung zum Holzbearbeiter macht. Svenja ist auch an einer solchen Ausbildung interessiert und kommt mit René ins Gespräch.

Svenja: „Ihr habt ja jede Menge große Maschinen hier, ist das nicht gefährlich?"
René: „Nee, für die Benutzung habe ich extra einen Maschinenschein gemacht! Jetzt darf ich die Tischfräse, die Kreissäge und den Dickenhobel selbstständig benutzen. Das macht Spaß, aber eigentlich arbeite ich lieber mit Handwerkzeugen."

Svenja: „Viele der Werkzeuge kenn ich gar nicht."
René: „Die lernst du alle während der Ausbildung kennen. Besonders gerne arbeite ich mit dem Hobel. Da muss ich aber echt aufpassen!"

Svenja: „Das sehe ich. Da musst du wohl echt konzentriert und genau arbeiten!"
René: „Ja, außerdem muss man handwerklich geschickt und gut im Rechnen sein. Der Chef meint, dass ich mein räumliches Vorstellungsvermögen verbessern könnte, und das trainiere ich jetzt."

Svenja: „Musst du auch schwer heben? Da hab ich Sorge, weil ich nicht so stark bin."
René: „Ach was, so schlimm ist das nicht! Und wenn du hier länger arbeitest, kommen die Muckis ganz von selbst – das Fitnessstudio kannst du dir sparen. Komm, ich zeig dir mal verschiedene Holzsorten."

Svenja: „Holz riecht so richtig gut! Ich glaub, ich mach mal ein Praktikum in einer Schreinerei, das ist sicher was für mich."
René: „Ja, probiere das mal aus. Vielleicht kannst du ja hier eine Ausbildung machen und wir sehen uns dann wieder."

Die Ausbildung als Holzbearbeiter/in hat weniger theoretische Anforderungen und wenn du gut bist, kannst du dich später weiterbilden.

Hier kannst du dir einen Film zum Beruf Tischler/in anschauen:
https://planet-beruf.de/schuelerinnen/berufe-finden/a-z/ausbildungsberufe-t/tischler-in/page

Tischler/in und Holzbearbeiter/in

EINZELARBEIT

René hat viele neue Werkzeuge und Maschinen kennengelernt.
Welche Arbeiten werden mit den verschiedenen Werkzeugen ausgeführt?
Ordne die Werkzeuge den passenden Erklärungen zu.

1
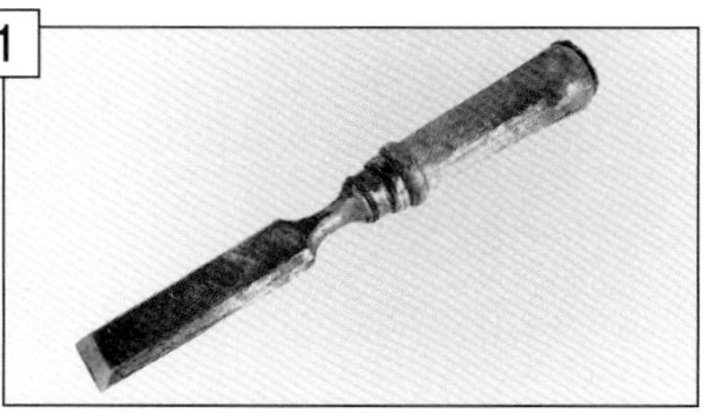
Stechbeitel

☐ Die Oberfläche des Holzes wird bearbeitet, indem Späne vom Material abgetragen werden. Die Holzoberfläche wird geglättet.

2

Hobel

☐ Vertiefungen im Holz werden ausgestemmt, um zum Beispiel Beschläge einlassen zu können. Es muss mit dem Hammer gearbeitet werden.

3

Winkel

☐ Das Werkzeug besitzt kleine Sägezähne für feine Schnitte in Holz und Holzwerkstoffe.

4
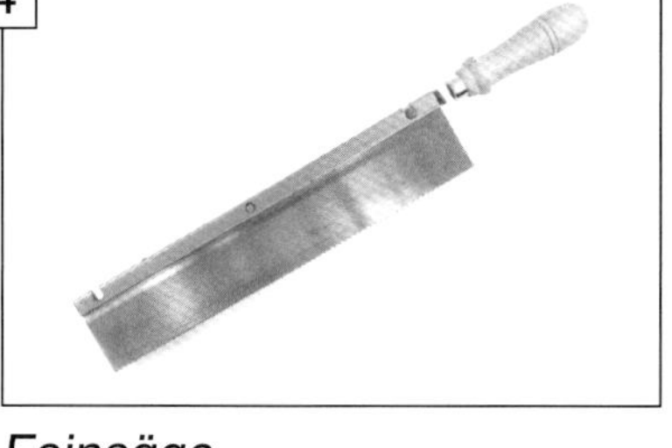
Feinsäge

☐ Das Werkzeug besitzt Linien in einem rechten Winkel zum Ein- oder Anzeichnen und zur Kontrolle der rechtwinkligen Lage von Kanten.

Welche Kompetenzen brauchst du für einen Beruf im Bereich Holz?
René nennt einige davon in seinem Gespräch mit Svenja!

....

....

....

Tischler/in und Holzbearbeiter/in

EINZELARBEIT

Als Tischler/in musst du rechnen und zeichnen können.
Schreibe die Maße an die Zeichnung.
Vergrößere die Zeichnung des Werkstücks
auf die doppelte Größe und übertrage sie in das leere Feld.
Das Geometriedreieck hilft dir als Lineal und Winkel.

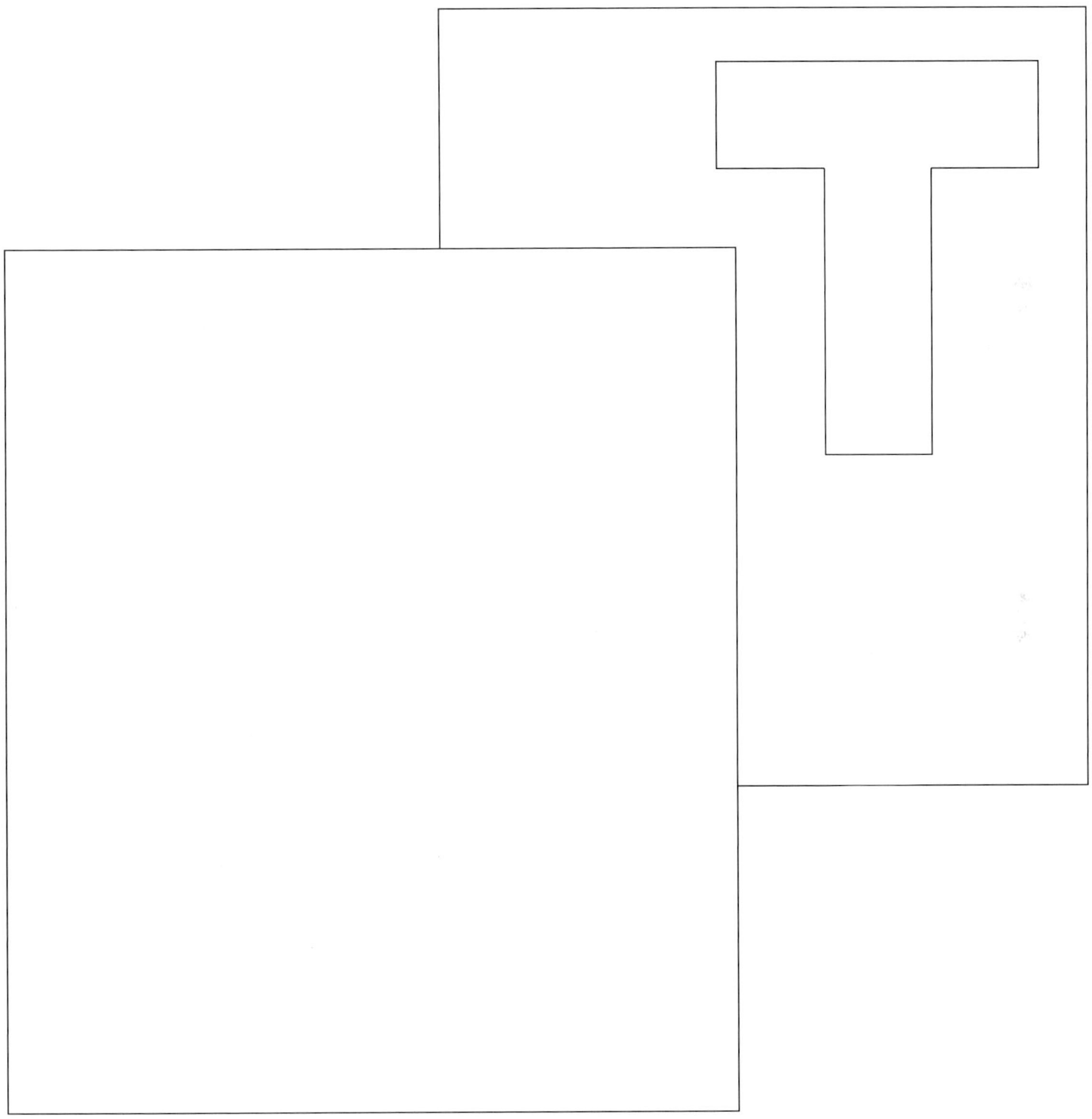

IN DER KLASSE

Legt die Arbeitsergebnisse auf einem Tisch aus
und bewertet gegenseitig eure Ergebnisse.
Schreibt unter 3 Arbeitsergebnisse, was euch gefällt,
und einen Tipp, was noch besser werden könnte.

INFO

Fliesenleger/in

Mateos Tagesablauf auf BERUFENET:
https://planet-beruf.de/schuelerinnen/welche-ausbildungen-gibt-es/welche-berufe-gibt-es/tagesablaeufe/tagesablauf-fliesen-platten-und-mosaikleger-in

Dieses tolle Mosaik hat Felix mit ein paar Kollegen in seiner Berufsvorbereitenden Bildungsmaßnahme (BvB) angefertigt. Er ist fest entschlossen, eine Ausbildung zum Fliesen-, Platten- und Mosaikleger zu beginnen.

Um sich weiter zu informieren, surft er im Internet (siehe Internetadresse/QR-Code im Kasten oben). Felix schaut sich im Internet den Tagesablauf von Mateo an. Die meisten Tätigkeiten kennt er schon. Im BERUFENET Steckbrief erkundigt er sich, wie lange die Ausbildung dauert, was er in der Ausbildung verdient und welchen Schulabschluss er braucht.

Erfreut stellt er fest, dass es auch Auszubildende ohne Hauptschulabschluss gibt, obwohl er den Hauptschulabschluss in der BvB unbedingt schaffen will. Jetzt schreibt er Bewerbungen. Bestimmt kann er durch ein gutes Praktikum einen Ausbildungsplatz bekommen!

EINZELARBEIT

Aufgabe: Schaue dir unter der oben genannten Internetadresse Mateos Tagesablauf an. Beantworte folgende Fragen im Heft oder auf der Rückseite des Arbeitsblatts.

1) Was trägt Mateo als Arbeitskleidung?
2) Welche Materialien braucht Mateo?
3) Wann fährt Mateo mit einem Gesellen zur Baustelle?
4) Was bedeutet Grundieren?
5) Wann macht Mateo Mittagspause?
6) Wie funktioniert das Verfugen?
7) Womit misst Mateo den Raum aus, um den Sockel zu fliesen?
8) Wann hat Mateo Feierabend?

Fliesenleger/in

PARTNERARBEIT

Aufgabe: Suche dir einen Partner oder eine Partnerin.
Mithilfe von Mateos Tagesablauf und dem Steckbrief, den ihr unter dem QR-Code auf dieser Seite findet, könnt ihr das Kreuzworträtsel lösen.

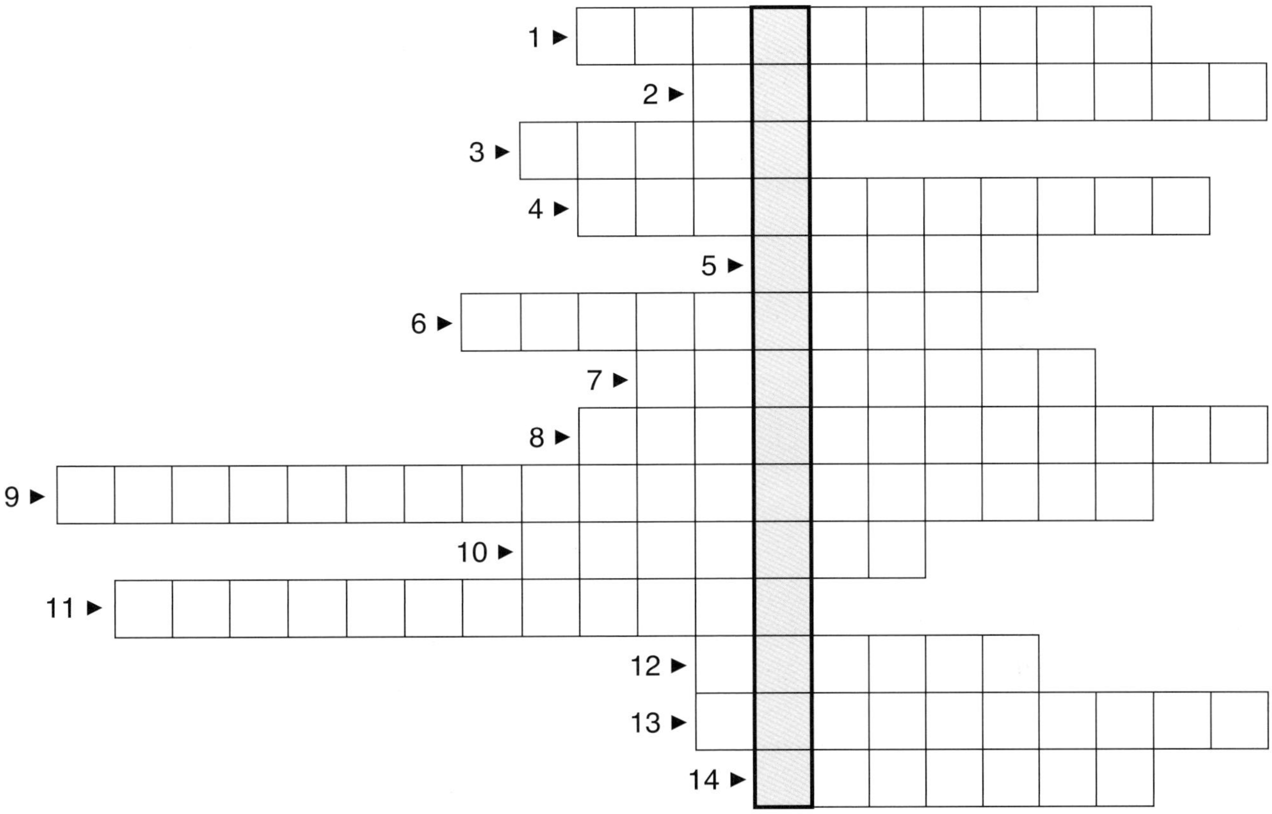

1) wichtiges Unterrichtsfach
2) In dem Raum haben die Wände oft Fliesen.
3) Du brauchst eine gute körperliche Konstitution zum … und Tragen.
4) Hierfür werden Fliesenzuschnitte benötigt.
5) Der Haftgrund wird mit einer … aufgetragen.
6) Werkzeug zum Auftragen des Fliesenklebers
7) wichtige Anforderung
8) Schneidet Mateo mit einer Schneidemaschine zu.
9) in der Regel erwarteter Abschluss
10) Eimer mit Abstreifrollen
11) Dort findet der Unterricht statt.
12) Ein typischer Arbeitsort ist im … .
13) Kommt nach einem Tag zwischen die Fliesen.
14) Teil des Hauses, der mit Fliesen verkleidet werden kann

Fliesenleger/in

EINZELARBEIT

Aufgabe 1: Genauigkeit und Sorgfalt sind die wichtigsten Kompetenzen von Fliesenleger/innen.
Klebe die Fliesen an die Wand und lasse eine Fuge von 0,5 cm.
Nimm ein Geometriedreieck oder Lineal zu Hilfe!
Gestalte die Fliesen farbig und male die Fugen mit einem Filzstift aus.

IN DER KLASSE

Aufgabe 2: Präsentiert und vergleicht eure Ergebnisse in der Klasse.

Den Beruf Fliesenleger/in kann ich mir ☐ gut ☐ vielleicht ☐ gar nicht vorstellen.

Fahrzeuglackierer/in (1/2)

EINZELARBEIT

Aufgabe: Fülle den Lückentext aus. Folgende Wörter helfen dir:

Sorgfalt • Ausbildung • Schablone • Schleifmaschine • ausgebeult • Grundierung
neu • Spritzpistole • Atemschutzmaske • abmontiert • handwerkliches Geschick
Beraten • Bedienen • Unfall • freundlich • Fahrzeug • abgeklebt

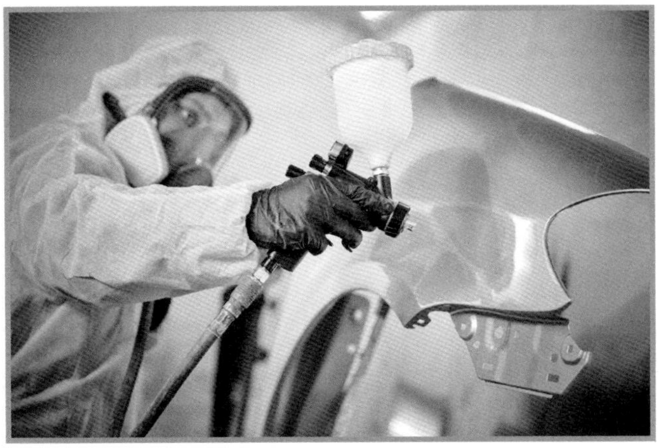

Kai ist im dritten Lehrjahr in der (1) .... zum Fahrzeuglackierer. Kai berichtet aus seinem Arbeitsalltag:

„Die meisten Autos stehen in der Werkstatt, weil sie in einen (2) .... verwickelt waren.

Aber wenn sie hier rauskommen, sehen sie wieder aus wie (3) ....

Die Arbeitsabläufe sind eigentlich immer ähnlich.

Zunächst werden meistens einzelne Teile (4) ....

Dann wird der Lack abgeschliffen, dazu benutze ich eine (5) ....

Kleine Dellen im Lack werden (6) ....

Dann wird als Nächstes die (7) .... aufgetragen.

Die Gummiteile und alle anderen Teile des Fahrzeugs, die nicht lackiert werden, müssen (8) .... werden.

Beim Grundieren und Lackieren trage ich eine (9) ...., um gesundheitliche Schäden zu vermeiden.

Die Grundierung und der Lack werden mit einer (10) .... aufgetragen.

Fahrzeuglackierer/in (2/2)

Alle Arbeiten müssen mit größter (11) .... erledigt werden. Manche Kundinnen und Kunden wünschen einen Schriftzug oder ein Motiv auf ihrem (12) ....

Dann wird zunächst eine (13) .... hergestellt.

Das ist gar nicht so einfach, dazu benötigst du viel (14) ....

Auch das (15) .... und (16) .... der Kundinnen und Kunden gehören zum Job. Manche haben schon sehr verrückte Ideen und einiges musst du ihnen wieder ausreden. Dabei musst du immer (17) .... bleiben!“

Weitere Informationen zum Beruf Fahrzeuglackierer/in findest du hier:
https://planet-beruf.de/schuelerinnen/welche-ausbildungen-gibt-es/welche-berufe-gibt-es/berufe-a-z/ausbildungsberufe-f/fahrzeuglackierer-in

Fahrzeuglackierer/in

EINZELARBEIT

Aufgabe 1: Welche Kompetenzen benötigen Fahrzeuglackierer/innen?
Kreuze an.

- ☐ Kreativität
- ☐ Genauigkeit
- ☐ Merkfähigkeit
- ☐ handwerkliches Geschick
- ☐ räumliches Vorstellungsvermögen
- ☐ technisches Verständnis
- ☐ körperliche Belastbarkeit
- ☐ Alltagssituationen erfassen
- ☐ Organisationsvermögen
- ☐ Hilfsbereitschaft
- ☐ Schmutzunempfindlichkeit
- ☐ Geruchsunempfindlichkeit
- ☐ Kommunikationsfähigkeit

GRUPPENARBEIT

Aufgabe 2: Vergleicht eure Ergebnisse.
Einigt euch auf 4 Kompetenzen,
die eurer Meinung nach am wichtigsten sind.
Schreibt diese 4 Kompetenzen auf
und überlegt Tätigkeiten von Fahrzeuglackierer/innen,
die zu diesen Kompetenzen passen.

Kompetenz 1: Tätigkeiten:	Kompetenz 2: Tätigkeiten:
Kompetenz 3: Tätigkeiten:	Kompetenz 4: Tätigkeiten:

IN DER KLASSE

Aufgabe 3: Stellt eure Ergebnisse der Klasse vor.

Fahrzeuglackierer/in

EINZELARBEIT

Mit viel Sorgfalt gestalten Fahrzeuglackierer/innen Autos mit Beschriftungen und Motiven, für die Schablonen hergestellt werden. Übertrage die Vorlage auf festen Karton und schneide sie aus. Lege die Schablone auf weißes Tonpapier und male sie aus. Beim Ausmalen kann ein Partner oder eine Partnerin die Schablone festhalten!

IN DER KLASSE

Legt die Arbeitsergebnisse auf einem Tisch aus und bewertet gegenseitig eure Arbeiten. Schreibt unter 2 Arbeiten aus der Klasse, was euch gefällt oder einen Tipp.

Den Beruf Fahrzeuglackierer/in kann ich mir ☐ gut ☐ vielleicht ☐ gar nicht vorstellen.

Fachpraktiker/in für Kfz-Mechatroniker (1/2)

▶ Nicole hat ihren Traumberuf gefunden.
Sie macht eine 2-jährige Ausbildung
zur Fachpraktikerin für Kfz-Mechatroniker.
Viele Arbeiten kann sie inzwischen selbstständig erledigen.

EINZEL-/PARTNERARBEIT

Aufgabe: Lies die Textabschnitte und nummeriere sie in der richtigen Reihenfolge. Vergleicht eure Ergebnisse mit einem Partner oder einer Partnerin und lest den Text in der Klasse vor.

☐

Nicole fährt das Fahrzeug etwas tiefer, um bequem einen Reifen zu entfernen. Aus der Werkzeugecke besorgt sie sich einen Druckluftschrauber. „Mit dem Druckluftschrauber, wir sagen auch ‚Schlagschrauber', ist das Lösen der Radmuttern ein Kinderspiel." Ohne Probleme löst Nicole die Schrauben und nimmt den Reifen vom Fahrzeug ab.

☐

Nicole schaut sich den TÜV-Bericht an. Sie schaut im Lager nach, ob das entsprechende Ersatzteil zufällig da ist. Da es nicht im Lager ist, muss sie es bestellen. Glücklicherweise wird es schon am Mittag gebracht, sodass Nicole starten kann. „Ich hoffe, dass ich die Reparatur heute noch schaffe, aber wenn nichts dazwischenkommt, wird es klappen!"

Fachpraktiker/in für Kfz-Mechatroniker (2/2)

„So, jetzt komm ich gut an die Radaufhängung dran. Hier sieht man den Schaden am Querlenker ganz genau." Nicole schraubt den Querlenker aus und ersetzt ihn durch einen neuen. Dann montiert Nicole den Reifen wieder an den Wagen und holt ihn von der Hebebühne runter. Der Ausbilder prüft, ob alles richtig fest ist. „Alles in Ordnung, so kommt der Wagen locker durch den TÜV und weil alles gut geklappt hat, kann ich jetzt pünktlich Feierabend machen!"

Heute Morgen war der Gutachter vom TÜV in der Firma, um mehrere Fahrzeuge zu begutachten. Bei einem Fahrzeug wurde ein ausgeschlagener Querlenker festgestellt. Die TÜV-Plakette kann nicht vergeben werden, bevor ein neuer Querlenker eingebaut ist. „Übermorgen kommt der Gutachter vom TÜV wieder zu uns. Bis dahin muss der Wagen repariert sein."

Zunächst fährt Nicole den Wagen auf die Hebebühne und fährt ihn nach oben. Jetzt kann sie sich den Schaden in Ruhe anschauen. Sie beleuchtet mit einer Taschenlampe die Radaufhängung, zu der auch der Querlenker gehört. Nicole bespricht mit ihrem Ausbilder die einzelnen Arbeitsschritte. „Ich habe schon einmal einen Querlenker ersetzt, aber ich frage lieber noch mal nach, um ganz sicher zu gehen."

Fachpraktiker/in für Kfz-Mechatroniker (1/2)

GRUPPENARBEIT

Aufgabe 1: Überlegt und notiert, welche Kompetenzen Nicole für die hier aufgeführten Tätigkeiten benötigt.

Nicole hat versprochen, das Fahrzeug von Frau Böhm heute noch fertig zu machen.

....

Nicole sucht im Internet nach dem Preis für ein Ersatzteil.

....

Nicole schaut sich einen Plan an, wie sie ein Radio einbauen soll.

....

Nicole reinigt einen Wagen für den Verkauf von innen und außen.

....

Nicole notiert in einem Protokoll die benötigten Ersatzteile und wie viel Zeit sie für den Einbau der Teile gebraucht hat.

....

Nicole ist am nächsten Tag für das Öffnen der Werkstatt zuständig und hat deshalb den Werkstattschlüssel.

....

Nicole bespricht mit dem Ausbilder die nächste Reparatur. Sie stellt sich den Motorraum vor und weiß, wo sich das kaputte Teil befindet.

....

Nicole hilft nach Feierabend einer Kollegin bei einer größeren Reparatur, die heute noch fertig werden muss.

....

Nicole erklärt einem Kunden den Schaden an der Radaufhängung und die dadurch entstehenden Gefahren.

....

Fachpraktiker/in für Kfz-Mechatroniker (2/2)

Nicole räumt die Werkstatt auf, sortiert das Werkzeug und fegt die Halle.

....

Nicole wechselt den ganzen Tag Reifen und es gibt viele Anmeldungen für Reparaturen. Sie kommt nicht dazu, Pause zu machen oder sich mal hinzusetzen.

....

Nicole baut einen neuen Sitz in ein Fahrzeug ein.

....

IN DER KLASSE

Konntet ihr herausfinden, welche Kompetenzen für die einzelnen Tätigkeiten benötigt werden?

Aufgabe 2: Vergleicht und diskutiert eure Ergebnisse in der Klasse!

Weitere Informationen zum Beruf Fachpraktiker/in für Kfz-Mechatroniker findest du hier:
https://planet-beruf.de/schuelerinnen/berufe-finden/a-z/ausbildungsberufe-f/fachpraktiker-in-fuer-kfz-mechatroniker-66-bbig-42r-hwo

Fachpraktiker/in für Kfz-Mechatroniker

Eine wichtige Kompetenz für den Beruf Fachpraktiker/in für Kfz-Mechatroniker ist ein gutes räumliches Vorstellungsvermögen.

EINZELARBEIT

Aufgabe 1: Übertrage die Zeichnung gespiegelt auf die andere Seite.

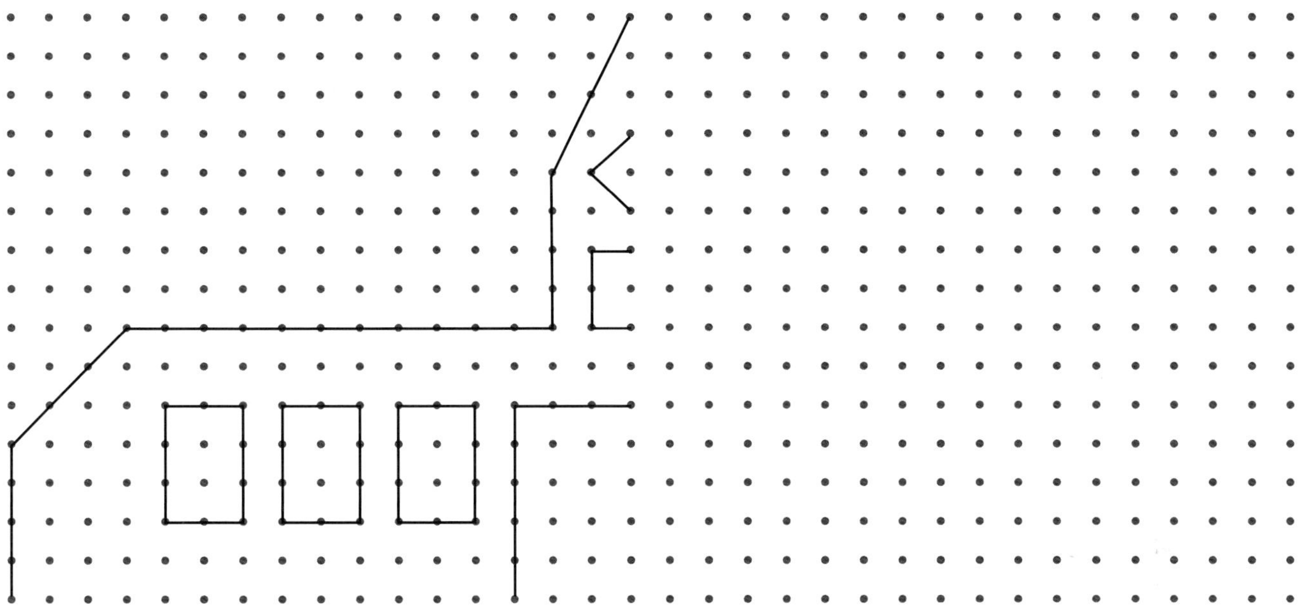

IN DER KLASSE

Aufgabe 2: Legt die Arbeitsergebnisse auf einem Tisch aus und betrachtet gegenseitig eure Arbeiten. Schreibt unter 2 Arbeiten aus eurer Klasse, was euch gefällt oder einen Tipp.

Den Beruf Fachpraktiker/in für Kfz-Mechatroniker kann ich mir

☐ gut ☐ vielleicht ☐ gar nicht vorstellen.

Fahrradmonteur/in

▶ Mariana macht eine Ausbildung zur Fahrradmonteurin. Sie muss Wochenberichte schreiben, die von ihrer Ausbilderin unterschrieben werden.

EINZELARBEIT

Aufgabe: Lies den Wochenbericht:
Welche Tätigkeiten führt Mariana jeden Tag aus, welche nur gelegentlich?

Name, Vorname: Konzala, Mariana
(Ausbildungs-)Betrieb: Die Fahrrad-Profis

Tag	Ausgeführte Arbeiten, Unterricht usw.
Montag	Fahrräder vor den Laden gestellt, Reparaturaufträge entgegengenommen, neuen Sattel montiert, beim Radwechsel geholfen, im Laden beim Verkauf geholfen, Fahrräder geputzt, Werkstatt aufgeräumt und gefegt
Dienstag	Fahrräder vor den Laden gestellt, in der Werkstatt geholfen: Kettenschaltung eingestellt, Felge zentriert; im Laden beim Verkauf geholfen, Werkstatt aufgeräumt und gefegt
Mittwoch	Fahrräder vor den Laden gestellt, Fahrrad mit Gepäckträger nachgerüstet, Fahrradcheck für einen Kunden, beim Montieren eines Fahrrads geholfen, Rad ausgebaut, Werkstatt aufgeräumt und gefegt
Donnerstag	Berufsschule: Deutsch, Mathe, Wirtschafts- und Sozialkunde, Warten und Pflegen von Fahrzeugen, Demontieren, Instandsetzen und Montieren von fahrzeugtechnischen Baugruppen oder Systemen
Freitag	Fahrräder vor den Laden gestellt, beim Fahrradcheck geholfen, Fahrräder geputzt, ein Pedal ersetzt, Lenker entfernt und neuen montiert, Kette gespannt, ein Pedal ersetzt, Werkstatt aufgeräumt und gefegt

Fahrradmonteur/in

▶ Stellt euch vor, ihr besitzt einen Fahrradladen mit einer Werkstatt und sucht Auszubildende. Die neuen Lehrlinge sollen in der Werkstatt mitarbeiten und auch im Geschäft beim Verkauf helfen.

EINZELARBEIT

Aufgabe 1: Überlegt:

→ Welche Eigenschaften sollen neue Auszubildende mitbringen?

→ Was sollten sie können?

....

....

....

....

....

GRUPPENARBEIT

Aufgabe 2: Vergleicht und diskutiert eure Ergebnisse. Schreibt eine Stellenanzeige, in der ihr Azubis mit den gewünschten Eigenschaften sucht.

IN DER KLASSE

Aufgabe 3: Präsentiert eure Stellenanzeigen in der Klasse: Was macht eine gute Anzeige aus?

Weitere Informationen zum Beruf Fahrradmonteur/in findest du hier:
https://planet-beruf.de/schuelerinnen/welche-ausbildungen-gibt-es/welche-berufe-gibt-es/berufe-a-z/ausbildungsberufe-f/fahrradmonteur-in

Fahrradmonteur/in

▶ Mariana soll selbstständig einen Schlauch flicken.
Sie bekommt eine genaue Anleitung.

PARTNERARBEIT

Aufgabe 1: Nummeriert die Arbeitsschritte in der richtigen Reihenfolge.

- ☐ Halte den aufgepumpten Schlauch in einen Wassereimer. Wenn Luftblasen aufsteigen, hast du das Loch gefunden.
- ☐ Löse als Erstes die Bremsen.
- ☐ Suche als Nächstes den Reifenmantel nach Stacheln, Nadeln oder Nägeln ab, die vielleicht das Loch verursacht haben. Entferne diese.
- ☐ Stelle dann das Fahrrad auf den Kopf.
- ☐ Jetzt kannst du den Mantel mit dem Reifenabzieher lösen und den Schlauch von der Felge ziehen.
- ☐ Pumpe den Schlauch auf.
- ☐ Bevor du den Schlauch nun entnehmen kannst, musst du das Ventil lösen.
- ☐ Markiere das Loch mit einem Filzstift.
- ☐ Teste mithilfe des Wassereimers, ob der Schlauch nun dicht ist.
- ☐ Schmiere Klebepaste auf die angeschmirgelte Stelle.
- ☐ Klebe den Flicken auf die eingeschmierte Stelle und drücke ihn etwa 2 Minuten lang fest.
- ☐ Raue die markierte Stelle großzügig mit Schmirgelpapier auf, damit später der Flicken besser hält.
- ☐ Montiere wieder den Reifenmantel: Stecke zuerst das Ventil durch das Loch, dann kannst du den Schlauch in den Mantel und dann in die Felge drücken.
- ☐ Hänge zum Schluss die Bremse wieder ein.
- ☐ Pumpe jetzt den Reifen auf und schraube ihn wieder fest.

IN DER KLASSE

Aufgabe 2: Vergleicht eure Ergebnisse und schreibt die Anleitung ins Heft oder auf die Rückseite des Arbeitsblatts.

Den Beruf Fahrradmonteur/in kann ich mir ☐ gut ☐ vielleicht ☐ gar nicht vorstellen.

Tankwart/in (1/2)

INFO

▶ Marcel und Christoph machen eine Ausbildung zum Tankwart. Christoph ist 17 Jahre und im ersten Lehrjahr, Marcel ist 20 Jahre und mit der Ausbildung bald fertig.

Christoph: „Am ersten Tag ist mir ein Unglück passiert: Ich habe mich vertan und statt Dieselbenzin Super in den Tank eines Kunden gefüllt. Als er losfahren wollte, habe ich es noch gemerkt. Das Benzin musste abgesaugt und der Tank von innen gereinigt werden. Mensch, das war mir vielleicht peinlich! Jetzt ist Tanken für mich Routine. Es gibt Kunden, die nicht mehr so gut laufen können. Die kommen nur, wenn ich da bin. Ich tanke dann den Wagen und gehe auch zur Kasse und bezahle, sodass sie gar nicht aussteigen müssen. Mir macht es Spaß, jemandem helfen zu können.
Manchmal ist hier richtig was los. Letzte Woche hat ein Kunde vergessen, den Tankschlauch aus dem Tank zu nehmen und ist einfach losgefahren. Manche Leute wissen auch nicht, auf welcher Seite ihr Tankdeckel ist, da muss ich schon mal schmunzeln, wenn ich sehe, wie wenig einige ihre Autos kennen.“

Marcel: „An der Luft- und Wasserinsel brauchen viele unsere Hilfe. Dort prüfen wir zum Beispiel den Reifendruck. Ich muss gut aufpassen und vorsichtig mit den Fahrzeugen umgehen. Vor allem diejenigen mit den superteuren Autos sind da ganz schön pingelig. Am wichtigsten in meinem Beruf ist Freundlichkeit!“

Christoph: „Wie ihr seht, ist Putzen auch ein Teil unseres Jobs. Scheiben sauber machen gehört zum Service, aber es geht schon morgens los. Um 8 Uhr werden mit der Kehrmaschine das Gelände und der Bürgersteig gereinigt. Abwechselnd sind wir dafür zuständig, die Waschanlage sauber zu halten und zu kontrollieren, ob dort alles gut läuft. Auch die Werkstatt muss in Ordnung gehalten werden. Das ist alles nicht schlimm, nur das Reinigen der Toiletten ist blöd, muss aber auch sein.“

INFO

Tankwart/in (2/2)

Marcel: „Öl und Wischwasser nachschauen gehört ebenfalls zum Service. Die Servicezeit geht bei uns von 9 bis 19 Uhr, nur am Wochenende ist von uns Lehrlingen keiner da. So gut ich den Service auch finde, arbeite ich doch am liebsten in der Werkstatt. Da werden alle möglichen Reparaturen ausgeführt. Im Frühjahr und im Herbst wird es immer hektisch, weil alle Leute ihre Reifen gewechselt haben wollen. Das kann ich schon alleine erledigen."

Christoph: „Manchmal darf ich jetzt auch schon mal an der Kasse helfen. Da bin ich noch etwas nervös, weil das gar nicht so einfach ist mit den ganzen Kreditkarten. Gut, dass ich selber nicht rechnen muss, das macht alles die Kasse.
Die Berufsschule ist nicht schwer. Dort werden erst noch mal die Grundrechenarten wiederholt. Wir sind 20 Leute in der Klasse, aber wir haben nur 2 Mädchen. Ich weiß gar nicht, warum. Tankwart ist ein super Job!
Die Tankstelle ist ein richtiger kleiner Laden, also müssen auch Regale aufgefüllt und Kundinnen und Kunden bedient werden. Ich bin also gleichzeitig auch Verkäufer.
Bei uns gibt es frische Brötchen aus dem Ofen, das heißt, Brötchen backen gehört auch noch zum Job."

EINZELARBEIT

Aufgabe 1: Welche Kompetenz ist für den Beruf Tankwart/in am wichtigsten?

....

....

Aufgabe 2: Markiere im Text alle Arbeiten, die Marcel und Christoph in der Ausbildung ausführen, und schreibe sie auf.

....

....

Tankwart/in

GRUPPENARBEIT

Aufgabe 1: Informiert euch im Internet über den Beruf Tankwart/in.
Beantwortet folgende Fragen:

Weitere Informationen zum Beruf:
https://planet-beruf.de/schuelerinnen/welche-ausbildungen-gibt-es/welche-berufe-gibt-es/berufe-a-z/ausbildungsberufe-t/tankwart-in

Wie lange dauert die Ausbildung?

....

....

Wo wird gearbeitet?

....

Wie viel Geld verdient man?

1. Lehrjahr:	2. Lehrjahr:	3. Lehrjahr:

Wichtige Schulfächer:

Schulfach 1: ....

Begründung: ....

Schulfach 2: ....

Begründung: ....

Welcher Schulabschluss wird erwartet?

....

IN DER KLASSE

Aufgabe 2: Stellt den Beruf Tankwart/in eurer Klasse vor.

Den Beruf Tankwart/in kann ich mir ☐ gut ☐ vielleicht ☐ gar nicht vorstellen.

INFO

Fachpraktiker/in Küche (Beikoch) (1/2)

▶ Gina und Max arbeiten gerne in der Küche. Mittwochs wird für das Schülercafé gekocht. Das ist immer der beste Schultag. Heute gibt es Chili con Carne, 60 Portionen sind bestellt. Alles muss ganz schnell gehen, damit der Zeitplan eingehalten wird. Wenn es zur Pause klingelt, muss das Essen fertig sein.

Gina: „Zuerst werden die Paprika und die Zwiebeln geschnitten. Dabei helfen alle mit. Ich arbeite gerne im Team. Das Zwiebelschneiden macht mir nichts aus, auch wenn es mal in den Augen brennt. Die Arbeit muss von allen zügig erledigt werden."

Max schneidet die Paprika in kleine Stücke. Er will demnächst mal ein Praktikum in einer Großküche machen. „Da ist es bestimmt noch viel stressiger, aber bestimmt nicht langweilig! Die Ausbildung zum Beikoch dauert 2 Jahre und wenn ich gut klarkomme, kann ich noch ein Jahr weiterlernen und Koch werden. Das kann ich mir gut vorstellen.
Während ich noch Paprika schneide, wird schon das Öl in der Pfanne erhitzt. Da muss ich gut aufpassen, dass die Pfanne nicht zu heiß wird." Die Paprika und die Zwiebeln werden nun mit dem Rinderhack angebraten. „Wir nehmen kein Schweinefleisch, weil es bei uns auch Personen gibt, die kein Schweinefleisch essen. Darauf achten wir natürlich. Jetzt müssen 8 Pfannen beaufsichtigt werden. Dabei darf ich mich nicht ablenken lassen."

Die Dosen mit Bohnen, Mais und Tomaten werden geöffnet und der Inhalt schon einmal in eine große Wanne gekippt. Das fertig gebratene Rinderhack wird mit allen anderen Zutaten vermischt.

Gina: „Jetzt muss das Ganze noch gewürzt werden, aber vorsichtig! Mit dem Chilipulver und dem Sambal Oelek sollte ich sehr sparsam sein, sonst wird es zu scharf. Wenn wir hier schon eine ganze Wanne voll haben, wie ist das wohl erst in einem Krankenhaus oder Altenheim, wo ein paar hundert Leute versorgt werden müssen? Da würde ich gerne mal mitarbeiten!"

INFO

Fachpraktiker/in Küche (Beikoch) (2/2)

Jetzt wird das Chili auf mehrere Töpfe verteilt und erhitzt. „Gleich klingelt es zur Pause, dann geht der Stress erst richtig los. Alle kommen auf einmal und sind superhungrig. Das Chili muss auf Suppenschalen verteilt werden. Dazu geben wir einen Löffel und eine Serviette raus. Max nimmt das Geld an und streicht die Abholerinnen und Abholer von der Bestellliste. Eine Portion kostet immer 1 €. Da kann man nicht meckern und schmecken tut es eigentlich immer gut."

„Nach der Essensausgabe wird es ruhiger. Jetzt wird gespült. Da kommen viele Töpfe und Pfannen zusammen. Oft haben wir dabei den meisten Spaß. Einige kommen jetzt noch mal zur Küche und fragen, ob noch ein Rest da ist. Das ist das beste Zeichen dafür, dass wir gut gekocht haben und es geschmeckt hat. Schön finde ich, wenn am Ende die Küche wieder sauber und alles ordentlich aufgeräumt ist. Dann freu ich mich schon auf die nächste Woche.

PARTNERARBEIT

Aufgabe 1: Was sind die Tätigkeiten als Fachpraktiker/in Küche?

....

....

....

Aufgabe 2: Gina und Max denken über eine Ausbildung in diesem Beruf nach.
Welche Eigenschaften brauchen sie eurer Meinung nach dafür?

....

....

....

Fachpraktiker/in Küche (Beikoch)

GRUPPENARBEIT

Aufgabe1: Schreibt die Wörter aus der Wörtersuppe auf einen Zettel.
Jedes Gruppenmitglied übernimmt einen Bereich:
Tätigkeiten, Speisen, Arbeitsorte, Geräte.

Aufgabe 2: Vergleicht und ergänzt dann eure Ergebnisse.
Erstellt gemeinsam eine Tabelle.

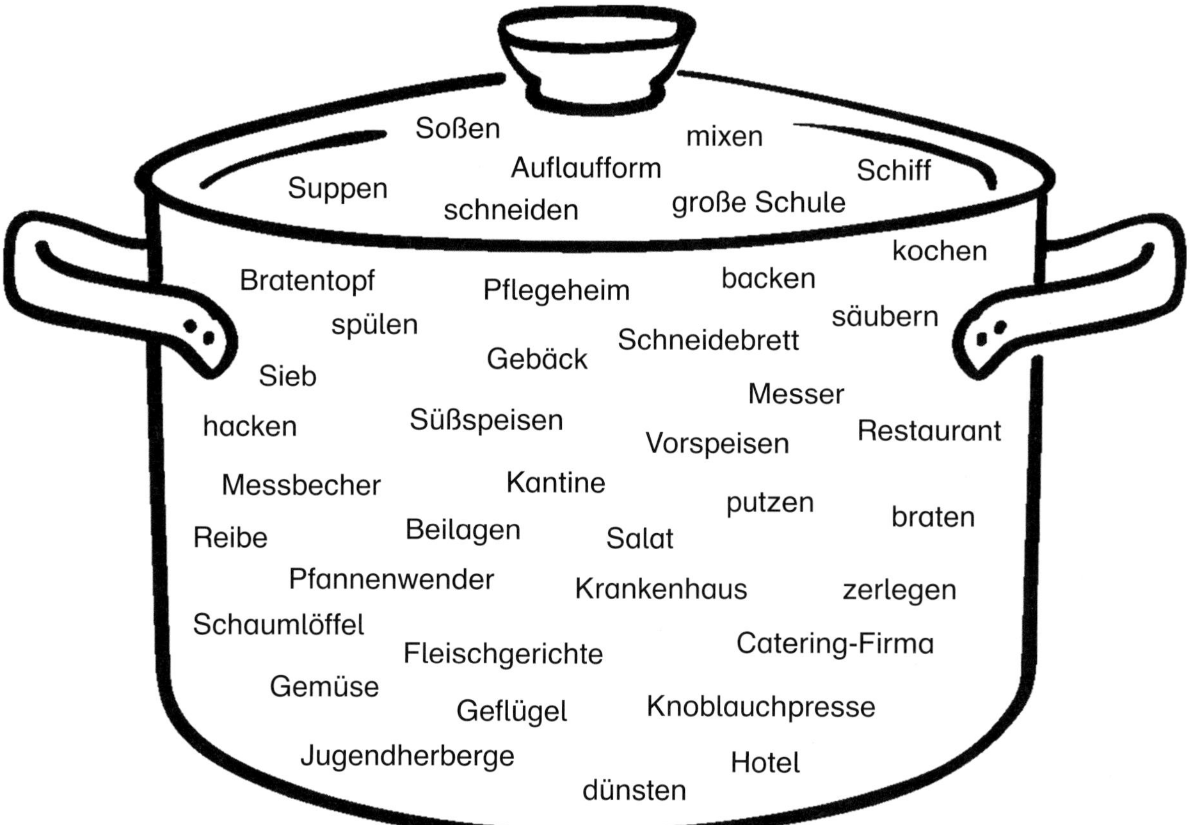

Weitere Informationen zum Beruf Fachpraktiker/in Küche (Beikoch) findest du hier:
https://planet-beruf.de/schuelerinnen/welche-ausbildungen-gibt-es/welche-berufe-gibt-es/berufe-a-z/ausbildungsberufe-f/fachpraktiker-in-kueche-beikoch-66-bbig-42r-hwo

Schaue dir auch den BERUFENET-Steckbrief an.

Den Beruf Fachpraktiker/in Küche kann ich mir ☐ gut ☐ vielleicht ☐ gar nicht vorstellen.

Fachverkäufer/in im Lebensmittelhandwerk (Fleischerei) (1/2)

INFO

▶ Heute steht für die Klasse 9a eine Betriebserkundung auf dem Programm. Sie besuchen die „Fleischerei Schmidt". Frau Schmidt ist für den Verkauf verantwortlich und beantwortet die Fragen der Klasse.

Farina: „Was ist die wichtigste Voraussetzung, um hier Verkäuferin zu werden?"
Frau Schmidt: „Das Wichtigste ist der gute Kontakt zur Kundschaft. Viele erwarten, dass wir sie namentlich kennen und ihre Wünsche schon vorausahnen. Daneben muss ich als Fleischereifachverkäuferin sehr sauber und ordentlich sein, da Fleisch eine leicht verderbliche Ware ist und deshalb die Hygiene sehr wichtig ist. Die Fleischtheke muss immer appetitlich und ansprechend aussehen."

Igor: „Muss ich die Wurstsorten denn alle kennen?"
Frau Schmidt: „Ja, das musst du allerdings. Du solltest wissen, aus welchen Zutaten sie hergestellt sind und welche Gewürze verwendet werden. Wir führen 10 verschiedene Sorten Salami und alle schmecken etwas anders und sind aus unterschiedlichem Fleisch hergestellt. Manche essen nur Geflügelfleisch, deshalb führen wir auch Truthahnsalami. Das ist schon etwas Besonderes."

Carola: „In welchen Schulfächern sollte ich gut sein?"
Frau Schmidt: „In Mathe solltest du schon fit sein. Du solltest den Dreisatz beherrschen und mit Gewichten rechnen können. Das Gespür für ein Gewicht ist dann eine Sache der Erfahrung. Nach ein paar Wochen weißt du genau, wie viel Gehacktes 1 kg ist. Den Rest macht dann die Kasse mit integrierter Waage, sodass du den Preis nicht mehr selber ausrechnen musst."

Tim: „Wie viele Fleischsorten haben Sie im Laden?"
Frau Schmidt: „In erster Linie verkaufen wir Schweine- und Rindfleisch, dazu kommt noch Geflügel. Alles andere, wie zum Beispiel Lammfleisch oder Kängurufleisch, gibt es dann zum Wochenende oder auf Bestellung. Die Verkäuferin sollte auch immer Tipps zur Verarbeitung des Fleisches geben können."

INFO

Fachverkäufer/in im Lebensmittelhandwerk (Fleischerei) (2/2)

Hajar: „Wie sind die Arbeitszeiten?"
Frau Schmidt: „Wir arbeiten 40 Stunden in der Woche. Das Geschäft hat auch samstags auf, dafür hast du dann in der Woche einen Tag frei. Die meisten Fleischereien bieten inzwischen auch einen Catering-Service an. Und da viele Feiern am Wochenende stattfinden, wird häufig auch am Samstag oder Sonntag gearbeitet."

Mareike: „Catering hört sich spannend an! Was bereiten Sie denn da zu?"
Frau Schmidt: „Eigentlich alles, was gewünscht wird. Von kalten Wurstplatten über belegte Brötchen, gebratene Schnitzel und Frikadellen bis hin zu Kartoffelgratin und Gemüseauflauf. Das ist inzwischen eine wichtige Einnahmequelle. Daher ist die Bereitschaft, am Wochenende zu arbeiten, eine Voraussetzung für einen Ausbildungsplatz. Du solltest außerdem ein Händchen für das Anrichten und Dekorieren von Speisen und Platten haben."

EINZELARBEIT

Aufgabe: Welche Fleisch- und Wurstsorten kennst du?

Fleisch	Wurst

Fachverkäufer/in im Lebensmittelhandwerk (Fleischerei)

GRUPPENARBEIT

Aufgabe 1: Jedes Gruppenmitglied notiert 5 Fragen zum Text und lässt sie von einem anderen Gruppenmitglied beantworten. Stellt eure Fragen und Antworten dann in der Klasse vor.

Frage 1: ....

→ Antwort: ....

Frage 2: ....

→ Antwort: ....

Frage 3: ....

→ Antwort: ....

Frage 4: ....

→ Antwort: ....

Frage 5: ....

→ Antwort: ....

Aufgabe 2: Habt ihr schon einmal eine Wurstplatte oder Platte mit belegten Brötchen zubereitet und dekoriert? Welche Lebensmittel eignen sich zum Dekorieren?

Den Beruf Fleischfachverkäufer/in kann ich mir ☐ gut ☐ vielleicht ☐ gar nicht vorstellen.

INFO

Fleischer/in (1/2)

Während Frau Schmidt sich um den Laden und den Verkauf kümmert, ist Herr Schmidt als Fleischer für das Fleisch und die Herstellung der Wurst zuständig.

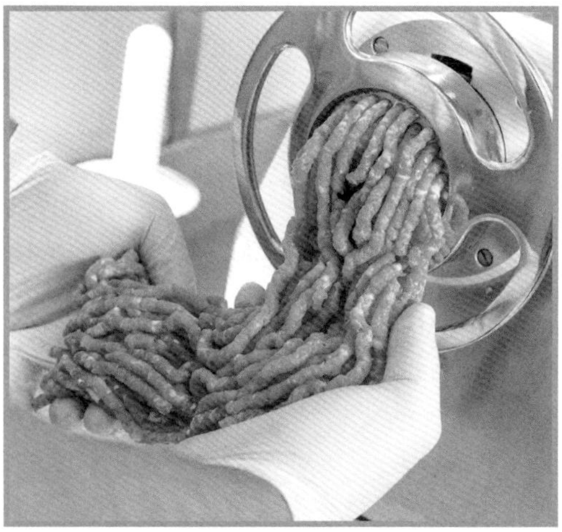

Herr Schmidt: „Der Arbeitstag beginnt schon sehr früh: Wir müssen zum Schlachthof fahren und Fleisch kaufen. Mein Azubi Marc ist meistens dabei."

Marc: „Ich kann abends nicht feiern gehen, wenn ich am nächsten Tag um 4 Uhr fit beim Schlachthof sein muss. Dort schauen wir uns das Fleisch an und kaufen, was wir brauchen. In der Fleischerei wird das Fleisch dann zerlegt. Wir schneiden schöne Schnitzel und Gulasch aus dem Schweinefleisch. Dann wird auch entschieden, welche Fleischteile wir für Gehacktes, Bratwurst oder Fleischwurst verwenden, denn einige Wurstsorten stellen wir noch selbst her."

Herr Schmidt: „Wenn ihr eine Ausbildung als Fleischer oder Fleischerin machen wollt, müsst ihr früh aufstehen. Ihr hättet gute Chancen, denn Fleischer und Fleischerinnen werden gesucht! Vor der Ausbildung müsst ihr keine Sorgen haben, das ist gar nicht so schwer. Zuverlässig und pünktlich solltet ihr sein, alles andere könnt ihr lernen. Man braucht keine besonderen Fähigkeiten. Früher, als noch vieles von Hand gemacht wurde, musste man sehr kräftig sein. Heute hast du für fast alles Maschinen."

Marc: „Mit dieser Maschine können wir das Fleisch zerlegen. Ihr könnt es gerne mal ausprobieren. Ihr merkt, dass es hier nicht warm ist. Fleisch muss immer kühl gelagert werden, damit es nicht so schnell verdirbt. Ihr solltet also nicht kälteempfindlich sein, wenn ihr euch für diese Ausbildung interessiert. Außerdem sollte es euch nichts ausmachen, ständig die Hände zu waschen. Hygiene ist in der Fleisch- und Wurstverarbeitung sehr wichtig, damit keine Keime das Fleisch verderben und die Kundschaft krank davon wird."

INFO

Fleischer/in (2/2)

Herr Schmidt: „In dieser Maschine wird das Fleisch zerkleinert, bevor es zu Fleischwurst oder Bratwurst verarbeitet wird. Wir sind für unsere gute Fleischwurst bekannt. Wenn es die am Mittwoch noch lauwarm gibt, ist der Laden voll. Auch unsere selbst gemachte Bratwurst und der warme Fleischkäse kommen bei der Kundschaft sehr gut an. Heute legen wir noch Rindfleisch in Essig mit Zwiebeln und Gewürzen ein, denn am Wochenende haben wir Sauerbraten im Angebot.
Die vielen Fleischsorten und Teile klingen vielleicht erst mal verwirrend, aber diese zu unterscheiden, lernt ihr schon im ersten Ausbildungsjahr am Berufskolleg. Wenn ihr Fleischer oder Fleischerin werden wollt, solltet ihr gut rechnen können. Wenn ihr zum Beispiel Fleischwurst herstellen wollt, müsst ihr die Gewürze für die entsprechende Fleischmenge berechnen und dann exakt abmessen."

PARTNER-/GRUPPENARBEIT

Aufgabe: Was spricht eurer Meinung nach für den Beruf Fleischer/in, welche Argumente sprechen dagegen?

Argumente dafür ...	**Argumente dagegen ...**

Fleischer/in

GRUPPENARBEIT

Aufgabe1: Schaut euch den Film zum Beruf Fleischer/in an und lest den BERUFENET-Steckbrief (siehe Internetadresse/QR-Code im Kasten unten).
Gebt Beispiele für die genannten Tätigkeiten:

....

....

Wie lange dauert die Ausbildung? ....

Wo wird gearbeitet? ....

Wie viel Geld verdient man?

1. Lehrjahr:	2. Lehrjahr:	3. Lehrjahr:

Welche Kompetenzen solltest du für diesen Beruf mitbringen?

.... und ....

Wichtige Schulfächer:

Schulfach 1: .... Begründung: ....

Schulfach 2: .... Begründung: ....

Welcher Schulabschluss wird erwartet?

....

IN DER KLASSE

Aufgabe 2: Stellt den Beruf Fleischer/in in der Klasse vor.

Film und BERUFENET-Steckbrief:
https://planet-beruf.de/schuelerinnen/welche-ausbildungen-gibt-es/welche-berufe-gibt-es/berufe-a-z/ausbildungsberufe-f/fleischer-in

Den Beruf Fleischer/in kann ich mir ☐ gut ☐ vielleicht ☐ gar nicht vorstellen.

Fachverkäufer/in im Lebensmittelhandwerk (Bäckerei) (1/2)

INFO

▶ Melanie ist mit ihrer Ausbildung zur Bäckereifachverkäuferin fast fertig. Sie hat die Aufgabe übernommen, sich um Huda, die neue Praktikantin, zu kümmern. Am ersten Tag zeigt sie Huda alle anfallenden Arbeiten.

- → Morgens wird der Backofen angemacht.
- → Die Brötchen-Rohlinge werden in den Ofen geschoben.
- → Die Kaffeemaschine wird vorbereitet, weil schon bald die erste Kundschaft zum Frühstücken kommt.
- → Brötchen werden geschmiert und mit unterschiedlichen Aufschnitten belegt.
- → Die Aufschnittbehälter werden mit Wurst und Käse nachgefüllt.
- → Gurken und Tomaten werden in Scheiben geschnitten.
- → Die Brötchen werden aus dem heißen Ofen geholt.
- → Die Kundschaft wird freundlich bedient.
- → Der Kaffee wird in Tassen eingeschenkt.
- → Die Bistrotische werden abgeräumt und abgewischt.
- → Die Brötchen für die Kundschaft werden in die Tüte gefüllt.
- → Die Theke wird mit einem feuchten Tuch abgewischt.
- → Den Kundinnen und Kunden werden verschiedene Brotsorten angeboten.
- → Die Spülmaschine wird ordentlich eingeräumt.
- → Die Brötchenkrümel werden regelmäßig weggefegt.
- → Die Kundschaft wird über die verschiedenen Brötchensorten informiert.
- → Die Spülmaschine wird ausgeräumt.
- → Die Theke wird aufgeräumt und gereinigt.
- → Der Laden wird gewischt und die Tür wird abgeschlossen.

INFO

Fachverkäufer/in im Lebensmittelhandwerk (Bäckerei) (2/2)

▶ Nach wenigen Tagen kann Huda die Arbeiten in der Bäckerei auch ausführen. Sie schreibt einen Bericht in ihrer Praktikumsmappe.

EINZELARBEIT

Aufgabe: Schreibe aus Hudas Sicht auf, welche Arbeiten sie ausgeführt hat.

1. Ich machte morgens den Backofen an.

Weitere Informationen zum Beruf Fachverkäufer/in Lebensmittelhandwerk findest du hier:
https://planet-beruf.de/schuelerinnen/welche-ausbildungen-gibt-es/welche-berufe-gibt-es/berufe-a-z/ausbildungsberufe-f/fachverkaeufer-in-lebensmittelhandwerk

Fachverkäufer/in im Lebensmittelhandwerk (Bäckerei)

Das Wichtigste in diesem Beruf ist die Kundenorientierung.
Kontaktfähigkeit und Kommunikationsfreude sind unverzichtbar.

GRUPPENARBEIT

Aufgabe 1: Überlegt euch ein Gespräch, welches in einer Bäckerei stattfinden könnte.
Diese Satzbausteine können euch dabei helfen!

„Danke."	„Aus reinem Roggenmehl."
„Bitte."	„Schönen Tag."
„Sonst noch etwas?"	„Guten Tag."
„Was kostet …?"	„Auf Wiedersehen."
„Die sind im Angebot."	„Der Kuchen ist für Menschen mit Diabetes geeignet."
„Soll ich es aufschneiden?"	„Bekommen wir in einer Stunde geliefert."
„Haben Sie das Geld passend?"	„Ich kann es Ihnen in Scheiben schneiden."
„Sind leider nicht mehr da."	

IN DER KLASSE

Aufgabe 2: Stellt eure Gespräche in der Klasse vor.

Fachverkäufer/in im Lebensmittelhandwerk (Bäckerei)

▶ In der Bäckerei werden auch fertig belegte Brötchen angeboten. Dabei müssen immer wieder neue Kreationen für die Kunden und Kundinnen entwickelt werden. Die beste Kreation wird zum „Brötchen des Monats" gewählt.

PARTNERARBEIT

Aufgabe 1: Überlegt euch eine interessante Variante eines belegten Brötchens, von dem ihr glaubt, es könnte der neue Verkaufsschlager werden:
→ Welche Brötchensorte soll es sein?
→ Mit welchen Zutaten soll das Brötchen belegt sein?
→ Wie nennt ihr eure Kreation?

IN DER KLASSE

Aufgabe 2: Stellt eure Kreationen in der Klasse vor: Welches Brötchen wird das „Brötchen des Monats"?

Den Beruf Bäckereifachverkäufer/in kann ich mir ☐ gut ☐ vielleicht ☐ gar nicht vorstellen.

Hauswirtschafter/in und Hauswirtschaftsassistent/in

INFO

▶ Luis bereitet sich in einer Berufsvorbereitenden Bildungsmaßnahme (BvB) der Bundesagentur für Arbeit auf eine Ausbildung zum Hauswirtschaftsassistenten vor.

„Meine Hauptaufgabe als Hauswirtschaftsassistent ist die Betreuung und Versorgung von Menschen. In der Ausbildung lerne ich, wie ich einen Haushalt perfekt führe. Hier ist aber nicht der kleine Familienhaushalt gemeint, sondern der Haushalt eines Altenheimes, eines Kindergartens oder einer Jugendherberge.

Dazu gehört vor allem eine gesunde und abwechslungsreiche Ernährung. Ich werde mich selbstständig um den Einkauf und die Lagerung der Lebensmittel kümmern. Speisepläne werden erstellt und die Gerichte danach zubereitet. Dafür braucht es einige mathematische Grundkenntnisse. Prozentrechnen und Dreisatz solltet ihr beherrschen.

Zur Haushaltsführung gehört auch die Raumpflege. In einer Jugendherberge werden nach jedem Gruppenwechsel die Räume gereinigt, die Betten neu bezogen und die Bettwäsche gewaschen. Auch Handtücher müssen gereinigt werden. Wenn du in einem Altenheim arbeitest, muss die Kleidung der Bewohnerinnen und Bewohner gewaschen werden.

Zur Versorgung gehört aber auch die Bereitschaft, den Menschen zuzuhören und auf ihre persönlichen Bedürfnisse einzugehen. Du musst kontaktfreudig sein und Situationen schnell einordnen können, um entsprechend zu reagieren. Das gilt besonders in einem Pflegeheim.

Den Beruf Hauswirtschaftsassistent/in kannst du in einer 2- bis 3-jährigen schulischen Ausbildung an einer Fachschule erlernen. Da man in der Ausbildung nur während der Praktika in einem Betrieb arbeitet, bekommt man keine Ausbildungsvergütung, also kein Geld. Um sofort Geld zu verdienen, musst du die duale Ausbildung Hauswirtschafter/in machen, also im Betrieb plus Berufsschule. Die duale Ausbildung ist aber auch schwerer."

Weitere Informationen zum Beruf Hauswirtschafter/in findest du hier:
https://planet-beruf.de/schuelerinnen/berufe-finden/a-z/ausbildungsberufe-h/hauswirtschafter-in

Hauswirtschafter/in und Hauswirtschaftsassistent/in

In dem Wortsuchfeld findest du 7 Tätigkeiten und 7 wichtige Kompetenzen des Berufs Hauswirtschaftsassistent/in.
Die Wörter können senkrecht und waagerecht versteckt sein.

EINZELARBEIT

Aufgabe: Markiere sie und trage sie in das richtige Kästchen ein.

O	W	W	Q	E	I	R	T	Z	P	Ü	H	A	K	S	D	F	I	K
R	E	S	D	G	H	F	G	H	J	K	I	Y	R	K	C	J	N	O
G	T	P	U	T	Z	E	N	Z	U	L	L	E	I	O	F	Ö	B	M
A	I	N	O	H	Ä	Y	Z	M	X	C	F	V	T	C	N	M	U	M
N	P	L	A	G	E	R	N	Y	X	E	S	V	I	H	N	W	A	U
I	Ü	F	A	A	S	D	F	G	H	J	B	K	L	E	Ö	A	Z	N
S	E	R	V	I	E	R	E	N	T	Z	E	C	F	N	F	S	T	I
A	I	K	O	L	P	M	N	B	O	P	R	C	Ä	V	A	C	L	K
T	Ä	Y	X	E	I	N	K	A	U	F	E	N	H	C	F	H	S	A
I	F	O	G	I	U	Z	H	R	J	E	I	Q	I	B	J	E	G	T
O	N	S	A	U	B	E	R	K	E	I	T	M	Q	W	E	N	R	I
N	W	E	L	R	Ü	Z	U	I	Ö	K	S	T	K	K	I	T	R	O
S	A	Q	Ä	E	G	U	O	P	T	Y	C	G	E	D	E	Z	P	N
F	U	I	O	P	E	Ü	A	S	D	E	H	F	G	H	J	K	G	S
Ä	L	Ö	Ä	Y	L	X	C	V	B	N	A	M	Q	S	D	W	G	F
H	T	R	E	I	N	I	G	E	N	Z	F	U	I	O	P	Ä	H	Ä
I	N	B	J	V	C	X	L	J	G	K	T	L	Ö	Ä	Y	Q	E	H
G	A	K	O	N	T	A	K	T	F	Ä	H	I	G	K	E	I	T	I
K	Y	X	C	V	B	N	M	Q	W	E	R	T	Z	U	I	O	P	G
E	Ü	Z	U	V	E	R	L	Ä	S	S	I	G	K	E	I	T	A	K
I	D	F	G	H	J	K	L	Ö	Y	X	C	V	B	N	M	Q	W	E
T	D	Y	X	C	V	B	N	M	Q	W	E	R	T	R	T	Z	U	I
S	E	L	B	S	T	S	T	Ä	N	D	I	G	K	E	I	T	P	T

Kompetenzen	Tätigkeiten

Hauswirtschafter/in und Hauswirtschaftsassistent/in

▶ Waschen ist eine der Haupttätigkeiten von Luis.
Dafür muss er die Wäschezeichen kennen.

PARTNERARBEIT

Aufgabe: Ordnet die Wäschezeichen der richtigen Erklärung zu.

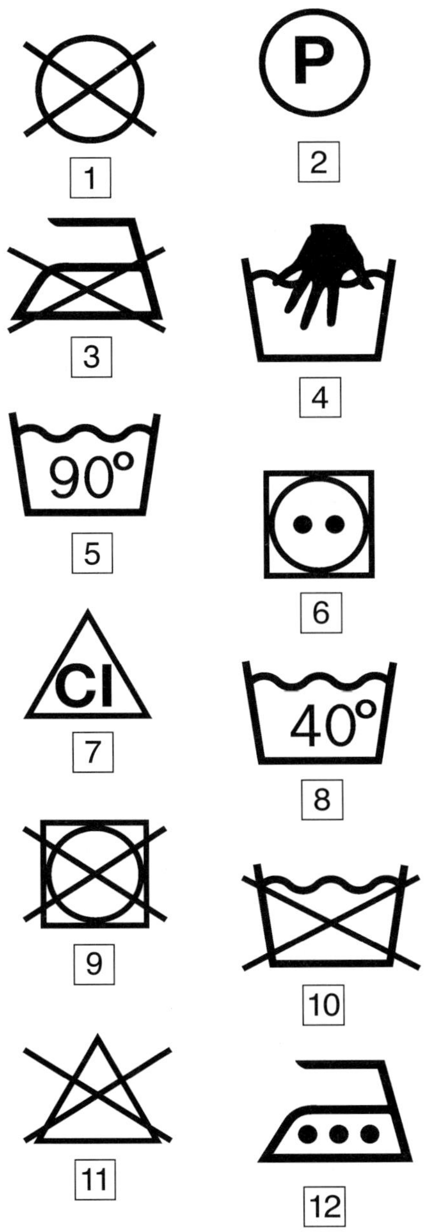

- ☐ Das Wäschestück darf in der Waschmaschine bei 40° gewaschen werden.
- ☐ Das Wäschestück darf in der Waschmaschine im Schongang bei 90° gewaschen werden.
- ☐ Das Wäschestück darf nicht gewaschen werden, sondern muss in die Reinigung.
- ☐ Das Wäschestück darf nicht einmal gereinigt werden.
- ☐ Zeichen im Kreis sind Hinweise für die Reinigung.
- ☐ Das Wäschestück darf gebügelt werden. Die Punkte zeigen, wie heiß das Bügeleisen eingestellt werden darf. * lauwarm ** mittelheiß *** heiß.
- ☐ Das Wäschestück darf nicht gebügelt werden.
- ☐ Das Wäschestück darf in den Trockner.
- ☐ Das Wäschestück darf mit Chlor gebleicht werden.
- ☐ Das Wäschestück darf nicht mit Chlor gebleicht werden.
- ☐ Das Wäschestück darf nicht in den Trockner.
- ☐ Das Wäschestück darf nicht in die Waschmaschine, sondern muss mit der Hand gewaschen werden.

Den Beruf Hauswirtschafter/in oder Hauswirtschaftsassistent/in kann ich mir

☐ gut ☐ vielleicht ☐ gar nicht vorstellen.

Fachpraktiker/in im Gastgewerbe

EINZEL-/PARTNERARBEIT

Aufgabe 1: Welche Kompetenzen muss die Fachkraft im Gastgewerbe mitbringen? Füllt die Lücken aus. Vergleicht eure Ergebnisse mit einem Partner oder einer Partnerin.

nau – hig – mu – Kom – Kraft – werk – kon – fä – per – Sau –
ti – ig – liches – ka – kör – vi – Ge – ni – tät – takt – keit – hand
tion – ber – Krea – keit – lich

Carina faltet Servietten für die Tischdekoration. Dazu braucht sie (1).. .... Geschick. Sie deckt den Tisch sorgfältig ein und denkt sich dafür die Dekoration aus. Hier sind (2).. und (3).. wichtig. Simone hat heute Thekendienst. (4).. ist im Umgang mit Lebensmitteln die Hauptsache. Simone bedient die Gäste und kommt mit vielen Menschen ins Gespräch. Simone ist sehr (5).. .... und hat Freude an (6)... Wenn du diese Tätigkeit den ganzen Tag machst, musst du (7).. .... belastbar sein. Das Tragen des schweren Tabletts erfordert viel (8)..

IN DER KLASSE

Aufgabe 2: Stellt kleine, mit Wasser gefüllte Plastikflaschen oder Becher auf ein Tablett. Lauft mit dem vollen Tablett in einer Hand zwischen den Tischen durch die Klasse.

Fachpraktiker/in im Gastgewerbe (1/2)

GRUPPENARBEIT

Aufgabe 1: Schaut euch den Film über den Beruf Fachpraktiker/in im Gastgewerbe an und lest den BERUFENET-Steckbrief.

Film und BERUFENET-Steckbrief:
https://planet-beruf.de/schuelerinnen/berufe-finden/a-z/ausbildungsberufe-f/fachpraktiker-in-im-gastgewerbe-66-bbig-42r-hwo

Wo arbeitet ein/e Fachpraktiker/in im Gastgewerbe?

....

....

....

....

....

Welche Tätigkeiten führen Fachpraktiker/innen im Gastgewerbe aus?

....

....

....

....

....

Welche Gerichte dürfen die Auszubildenden schon zubereiten?

....

....

....

....

Fachpraktiker/in im Gastgewerbe (2/2)

Welche Arbeiten sind in einem Hotelzimmer zu erledigen?

....

....

....

....

....

Welche Kompetenzen solltest du für diesen Beruf mitbringen?

....

....

....

Welcher Schulabschluss wird erwartet?

....

....

....

Wie lange dauert die Ausbildung?

....

IN DER KLASSE

Aufgabe 2: Stellt den Beruf Fachpraktiker/in im Gastgewerbe eurer Klasse vor.

Fachpraktiker/in im Gastgewerbe

PARTNERARBEIT

Als Fachpraktiker/in im Gastgewerbe müsst ihr die Speisekarte auswendig können.

Aufgabe 1: Lest euch die Speisekarte genau durch und versucht, euch Preis und Nummer der einzelnen Gerichte zu merken. Fragt euch gegenseitig ab.
Erkennt ihr ein System in der Speisekarte, das euch das Merken erleichtert?

Speisekarte

POMMES

301	Pommes mit Majo und Ketchup	4,00 €
302	Pommes mit Currywurst	5,50 €
303	Pommes mit Frikadelle	5,50 €
304	Pommes mit Schnitzel	5,50 €
305	Pommes mit Schnitzel und Salat	6,00 €

PIZZA

401	Pizza Margherita	5,00 €
402	Pizza Salami	6,00 €
403	Pizza Schinken	6,00 €
404	Pizza Thunfisch	6,00 €
405	Pizza Schinken Salami	6,50 €
406	Pizza Thunfisch Schinken	6,50 €
407	Pizza Salami, Schinken, Thunfisch	7,00 €

PASTA

601	Spaghetti Bolognese	6,50 €
602	Spaghetti Carbonara	6,50 €
603	Tortellini	6,50 €
604	Tortellini al forno	7,00 €
605	Lasagne	7,00 €

IN DER KLASSE

Aufgabe 2: Lasst euch von euren Mitschülern und Mitschülerinnen Fragen zu Nummern und Preisen stellen.
Die 2er-Teams können die Fragen gemeinsam beantworten!
Wer kann sich Dinge gut merken?

GRUPPENARBEIT

Aufgabe 3: Entwerft selbst eine Speisekarte!

Den Beruf Fachpraktiker/in im Gastgewerbe kann ich mir

☐ gut ☐ vielleicht ☐ gar nicht vorstellen.

INFO

Friseur/in

▶ Souniya macht ein 3-wöchiges Schülerpraktikum in einem Friseursalon. In der zweiten Woche darf sie schon mal einer Kundin die Haare waschen. Lockenwickler aufdrehen und föhnen übt sie noch an einem Modellkopf. Während der Praktikumszeit muss Souniya ihre Praktikumsmappe bearbeiten und ausfüllen. Am Abend schreibt sie den Tagesbericht für den vergangenen Tag.

Mittwoch, 10. November	
9:00 - 10:00 Uhr	Pünktlich im Salon angekommen. Zeitschriften sortiert und ordentlich hingelegt. Kaffee gekocht.
10:00 - 11:00 Uhr	Haare weggefegt. Am Modellkopf Lockenwickeln geübt. Kundin mit Kaffee versorgt. Waschmaschine angestellt. Kundin die Haare gewaschen.
11:00-11:15 Uhr	Pause: Brötchen geholt.
11:15 - 12:00 Uhr	Am Modellkopf Lockenwickeln geübt. Haare weggefegt. Kundin mit Kaffee versorgt.
12:00 - 13:00 Uhr	Beim Wimpernfärben zugeschaut. Beim Augenbrauenzupfen zugeschaut.
13:00 - 14:00 Uhr	Pause: Schnell nach Hause gelaufen und gegessen.
14:00 - 15:00 Uhr	Trockner angestellt. Handtücher gefaltet.
15:00 - 16:00 Uhr	Am Modellkopf Föhnen geübt. Haare weggefegt. Tassen gespült.
16:00 - 17:00 Uhr	Beim Haarefärben und Schneiden zugeschaut.
17:00 - 18:00 Uhr	Salon gefegt. Waschmaschine eingeräumt. Aufgeräumt.

PARTNERARBEIT

Aufgabe: Lest den tabellarischen Tagesbericht und schreibt ihn gemeinsam zu einem ausführlichen Tagesbericht um.

Um 9 Uhr bin ich pünktlich ...

Weitere Informationen zum Beruf Friseur/in findest du hier:
https://planet-beruf.de/schuelerinnen/welche-ausbildungen-gibt-es/welche-berufe-gibt-es/berufe-a-z/ausbildungsberufe-f/friseur-in

Friseur/in *(Gruppe A)*

Friseure und Friseurinnen benötigen neben handwerklichen Fähigkeiten vor allem kommunikative Kompetenzen. Die Kundinnen und Kunden möchten beraten werden und sich unterhalten.

PARTNERARBEIT

Aufgabe: Jedes Team erhält ein Arbeitsblatt A und ein Arbeitsblatt B. Auf Blatt A und B findet ihr die Textbausteine eines Gesprächs zwischen einem Friseur oder einer Friseurin und einer Kundin. Jedes Teammitglied nimmt sich ein Blatt (A oder B) und schneidet die Textbausteine aus. Legt die Textbausteine gemeinsam zu einem sinnvollen Gespräch zusammen. Lest das Gespräch mit verteilten Rollen und stellt es in der Klasse vor.

„Das ist kein Problem! Bitte nehmen Sie Platz, darf ich Ihnen eine Tasse Kaffee anbieten?“

Friseur oder Friseurin:

„Guten Tag.“

„Schulterlang steht Ihnen bestimmt sehr gut. Ich würde einen Schnitt mit Seitenscheitel empfehlen, das ist im Moment sehr modern.“

„Ich wasche Ihnen jetzt erst einmal die Haare.“

„Außerdem können wir ein paar Strähnchen in einem hellen Blond färben, dann wirkt die Frisur lebhafter.“

„Sie haben so schöne dicke und lange Haare. Ich würde sie nicht zu kurz schneiden.“

„Gerne, wir haben hier ein sehr gutes Produkt, extra für trockenes Haar. Das kann ich sehr empfehlen.“

„So ist es recht. Ist das Wasser so angenehm?“

„Zuerst färben wir ein paar blonde Strähnchen und dann schneide ich die Frisur. Das wird toll aussehen.“

„Schön, wenn Sie sich wohlfühlen. So, jetzt trockne ich das Haar ab und dann kann es losgehen.“

Friseur/in *(Gruppe B)*

Friseure und Friseurinnen benötigen neben handwerklichen Fähigkeiten vor allem kommunikative Kompetenzen. Die Kunden und Kundinnen möchten beraten werden und sich unterhalten.

PARTNERARBEIT

Aufgabe: Jedes Team erhält ein Arbeitsblatt A und ein Arbeitsblatt B. Auf Blatt A und B findet ihr die Textbausteine eines Gesprächs zwischen einem Friseur oder einer Friseurin und einer Kundin. Jedes Teammitglied nimmt sich ein Blatt (A oder B) und schneidet die Textbausteine aus. Legt die Textbausteine gemeinsam zu einem sinnvollen Gespräch zusammen. Lest das Gespräch mit verteilten Rollen und stellt es in der Klasse vor.

Kundin:

„Guten Tag. Ich find meine Haare so langweilig und hätte gerne eine neue Frisur."

„Ja, danke, sehr gerne. Können Sie mir einen Rat geben, wie ich meine Haare schneiden lassen soll und welche Frisur mir gut steht?"

„Ja, das denke ich auch. Ich möchte keine Kurzhaarfrisur, bis auf die Schulter sollten sie mindestens fallen."

„Einen Seitenscheitel hatte ich schon einmal. Das stand mir wirklich sehr gut und wenn das jetzt so modern ist, sollten wir das machen."

„Strähnchen hatte ich noch nie. Das wollte ich schon immer mal ausprobieren."

„Ja bitte, ich hätte auch gerne eine Haarkur. Meine Haare sind immer so trocken."

„Dann lehne ich mich jetzt nach hinten. Ist es so okay?"

„Ja, die Temperatur ist genau richtig und die Kopfhautmassage ist sehr entspannend."

„Prima, ich bin schon sehr gespannt, wie ich mit der neuen Frisur aussehe."

„Da verlass ich mich ganz auf Sie, dass ich dann toll aussehen werde!"

Friseur/in

GRUPPENARBEIT

Aufgabe: Unterstreicht alle Verben, welche die Tätigkeiten von Friseur/innen beschreiben, und vergleicht sie miteinander.
Überlegt gemeinsam, zu welchem Bereich sie gehören,
und tragt sie in das entsprechende Kästchen ein.
Stellt eure Ergebnisse in der Klasse vor.

sägen, kleben, schneiden, verkaufen, fegen, löten, waschen, bedienen, raspeln, erzählen, beraten, hobeln, zuhören, hacken, färben, schleifen, mauern, föhnen, füttern, putzen, unterhalten, falten, graben, zupfen, einräumen, rasieren, fliesen, kämmen, verputzen, flechten, polieren, wischen, erklären, klettern, toupieren, bohren, transportieren, schleppen, beruhigen, rennen, fragen, anbieten, abreißen

Handwerkliches:

Reinigen:

Kommunikation:

Den Beruf Friseur/in kann ich mir ☐ gut ☐ vielleicht ☐ gar nicht vorstellen.

INFO

Verkäufer/in

Fabian hat seine Ausbildung zum Verkäufer beendet und ist von seinem Ausbildungsbetrieb übernommen worden.
Er arbeitet in einem Supermarkt im Schichtdienst, das heißt, eine Woche von morgens 6 Uhr bis um 14 Uhr, in der folgenden Woche von 14 Uhr bis abends um 22 Uhr.
Diese Woche hat Fabian Frühschicht.

„Um **6 Uhr** ist Teambesprechung und die anfallenden Arbeiten werden besprochen und aufgeteilt. Zunächst muss das Gemüse und Obst aus dem Kühlraum geholt werden. Heute sind Äpfel im Sonderangebot. Ein Teil der Äpfel wird draußen vor der Eingangstür aufgebaut, der Rest wird in die Obst- und Gemüsetheke einsortiert. Bis um **8 Uhr** muss alles fertig sein. Dann wird der Laden für die Kundschaft geöffnet.

Ich arbeite jetzt im Lager und bereite alles für die Warenlieferung vor. Um **9 Uhr** kommt der Lkw mit der bestellten Ware. Ich kontrolliere, ob die Ware komplett geliefert wurde und der Lieferschein stimmt. Wenn alles okay ist, unterschreibe ich den Lieferschein.

Um **10.30 Uhr** kann die Ware ausgepackt werden. Bevor die Regale mit der neuen Ware nachgefüllt werden, müssen die älteren Packungen nach vorn gezogen werden, gleichzeitig mache ich eine MHD-Kontrolle (Mindesthaltbarkeitsdatum). Die älteren Produkte müssen zuerst verkauft werden und Packungen, deren MHD abgelaufen ist, werden aussortiert.

Service und Kundenorientierung sind das Wichtigste in meinem Beruf. Viele kaufen regelmäßig bei uns ein und möchten persönlich bedient werden. Klar bringe ich älteren Menschen schon mal eine Kiste Mineralwasser zum Auto. Überhaupt ist es ganz egal, welche Arbeiten noch zu erledigen sind, das Bedienen und Beraten der Kunden und Kundinnen steht an erster Stelle.

Gegen Mittag wird es voll. Viele nutzen ihre Mittagspause zum Einkaufen. Deshalb helfe ich ab **12 Uhr** an der Kasse aus. Da muss ich mich dann noch mal sehr gut konzentrieren. Um **14 Uhr** ist Schichtwechsel und ich habe Feierabend."

Verkäufer/in

PARTNERARBEIT

Aufgabe 1: Tragt Fabians Tätigkeiten in die Tabelle ein.

Zeit	Tätigkeiten

Aufgabe 2: Kreuzt die richtigen Sätze an.

- B Das Obst wird aus dem Kühlraum geholt und in die Obsttheke einsortiert.
- K Das Obst wird aus dem Keller geholt und nach draußen vor die Ladentür gebracht.
- O Fabian bringt allen Kunden und Kundinnen die Getränkekisten zum Auto.
- E Ältere Ware wird im Regal nach vorn gezogen.
- F Ältere Ware wird sofort aussortiert.
- D Beim Arbeiten an der Kasse muss Fabian sich konzentrieren.
- G Die wichtigste Aufgabe ist das Einsortieren der Ware in die Regale.
- L Fabian hat diese Woche Spätschicht.
- I Fabian arbeitet nächste Woche von 14 Uhr bis 22 Uhr.
- E Das Bedienen und Beraten der Kunden und Kundinnen hat immer Vorrang.
- R Gegen Mittag wird es wieder leerer im Laden.
- N Viele nutzen die Mittagspause zum Einkaufen.
- E Fabian kontrolliert, ob der Lieferschein stimmt.
- T Fabian unterschreibt den Kassenzettel.
- N Das Mindesthaltbarkeitsdatum (MHD) der Ware muss kontrolliert werden.

Lösungswort: ☐ ☐ ☐ ☐ ☐ ☐ ☐ ☐

Verkäufer/in

GRUPPENARBEIT

Aufgabe1: Informiert euch auch im Internet über den Beruf Verkäufer/in (siehe Internetadresse/QR-Code im Kasten unten).
Beantwortet anschließend folgende Fragen:

Wie lange dauert die Ausbildung?

....

Wo arbeitet ein/e Verkäufer/in?

....

Wie viel Geld verdient man?

1. Lehrjahr:	2. Lehrjahr:	3. Lehrjahr:

Welche Kompetenzen solltest du für diesen Beruf mitbringen?

....

....

....

Welcher Schulabschluss wird erwartet?

....

IN DER KLASSE

Aufgabe 2: Stellt den Beruf Verkäufer/in in der Klasse vor.

Weitere Informationen zum Beruf:
https://planet-beruf.de/schuelerinnen/berufe-finden/a-z/ausbildungsberufe-v/verkaeufer-in

Den Beruf Verkäufer/in kann ich mir ☐ gut ☐ vielleicht ☐ gar nicht vorstellen.

Gebäudereiniger/in (1/2)

INFO

▶ Die Klasse 9b macht eine Betriebserkundung bei der Gebäudereinigungsfirma Elias. Herr Elias nimmt sich viel Zeit und beantwortet gerne alle Fragen.

Mirko: „Was macht man als Gebäudereiniger?"
Herr Elias: „Der ausgebildete Gebäudereiniger hat andere Aufgaben, als ihr das von einer Reinigungskraft vielleicht kennt. Es wird viel mit Maschinen und verschiedenen Fahrzeugen gearbeitet. Hier seht ihr einen unserer Auszubildenden bei der Reinigung einer Einfahrt. Benni muss sich mit der Technik der Geräte gut auskennen. Hochdruckreiniger, Motorbesen, Sandstrahler, Schneeräumer und Hubwagen müssen sachgerecht bedient und gefahren werden."

Sabrina: „Ist der Job des Gebäudereinigers ein sicherer Arbeitsplatz?"
Herr Elias: „Was meinst du mit ‚sicher'? Der Job ist zum einen ziemlich krisensicher. Mit Gesellenbrief und Führerschein ist das ein sicherer Job bis zum Lebensende. Letztes Jahr hätten wir gerne noch Azubis genommen, haben aber keine gefunden. Oder meintest du ‚sicher' im Sinne von gefährlich? Klar, du musst schwindelfrei sein und gut klettern können, da du auch mal auf hohen Hausdächern unterwegs bist! Aber Sicherheit ist immer das Wichtigste und in gefährlichen Höhen arbeiten wir immer nur angeseilt. Da muss man sich aufeinander verlassen können und Sportlichkeit ist notwendig."

Dominik: „Wann wird morgens mit der Arbeit begonnen?"
Herr Elias: „Als Gebäudereiniger bist du Frühaufsteher. Wir fangen um 5 Uhr an. Zunächst reinigen wir die Schaufenster von einigen Lebensmittelläden, denn wenn um 7 Uhr die Ware nach draußen geräumt wird, muss das Fenster sauber sein. Aber im Praktikum musst du bei uns erst um 8 Uhr anfangen."

INFO

Gebäudereiniger/in (2/2)

Lisa: „Arbeitet man viel allein oder im Team?“
Herr Elias: „Wir arbeiten fast immer im Team. Bei Leiterarbeiten muss immer eine Person die Leiter sichern und oft muss die Arbeit schnell fertig sein, um den Betrieb nicht unnötig zu stören. Da bist du dann mit vielen Teammitgliedern unterwegs. Hier wird gerade das Dach eines Krankenhauseingangs gereinigt. Wir haben über 30 Mitarbeitende und sind wie eine große Familie.“

Kadelen: „Worauf kommt es bei dem Beruf am meisten an?“
Herr Elias: „Das Wichtigste ist die Kundenorientierung. Die Zufriedenheit der Kundschaft bestimmt den Erfolg und sichert deinen Arbeitsplatz. Du vertrittst auch schon während des Praktikums das Unternehmen und musst dich entsprechend verhalten. Ein Kunde muss nach getaner Arbeit einen Unterschied erkennen können und zufrieden sein.

Sebastian: „Ist die Arbeit nicht langweilig und was lernt man während der Ausbildung überhaupt?“
Herr Elias: „Die Arbeit ist sehr abwechslungsreich und du musst immer andere Herausforderungen meistern. Dazu gehört die Fähigkeit, immer mal zu improvisieren, also Kreativität ist auch gefragt. In der Ausbildung lernst du unter anderem, welche Reinigungsmittel für die unterschiedlichen Flächen geeignet sind.“

Ali: „Was für Arbeiten fallen noch an?“
Herr Elias: „Im Herbst entfernen wir das Laub mit großen Laubsaugern und im Winter machen wir auch Schneedienst. Da müssen wir auch früh raus. Die Arbeit mit dem Schneeräumfahrzeug ist bei allen Mitarbeitenden sehr begehrt. Mit dem Besen Schnee fegen ist dagegen natürlich langweilig. Inzwischen reinigen wir auch immer öfter Solaranlagen auf Dächern, damit diese ohne Verlust funktionieren.“

Gebäudereiniger/in

Teamfähigkeit ist eine wichtige Kompetenz im Beruf Gebäudereiniger/in. Einander unterstützen, helfen und absichern erfordert gegenseitiges Vertrauen.

IN DER KLASSE

Aufgabe 1: Probiert folgende Übungen.
Stellt eure Stühle in eine Reihe.
Stellt euch in beliebiger Reihenfolge auf die Stühle.
Wechselt jetzt die Positionen, sodass ihr der Größe nach auf den Stühlen steht: der oder die Kleinste ganz rechts, der oder die Größte links.

Achtung: Ihr dürft dabei die Stühle nicht verlassen, sondern sollt euch gegenseitig helfen und festhalten! Stellt euch dann, ohne dass jemand den Stuhl verlassen muss, nach dem Alter auf: die älteste Person ganz rechts, die jüngste ganz links.

PARTNERARBEIT

Aufgabe 2: Stellt euch paarweise hintereinander auf.
Die erste Person lässt sich nach hinten fallen, die Person dahinter fängt sie auf.
Wer Angst hat, kann sich vor dem Fallen schon unter die Achseln greifen lassen. Das gibt euch mehr Sicherheit!

Aufgabe 3: Verbindet die Augen.
Lasst euch von einem Partner oder einer Partnerin blind an der Hand durch das Gebäude führen.
Warnt vor gefährlichen Stellen, Treppen, Ecken usw.

Aufgabe 4: Lasst euch dann ohne den Partner oder die Partnerin an der Hand nur mit mündlichen Anweisungen durch das Gebäude führen.

IN DER KLASSE

Aufgabe 5: Tauscht euch nach den Übungen über folgende Fragen aus:
→ Welche Aufgaben waren leicht, welche eher schwer?
→ Wie habt ihr euch bei den einzelnen Aufgaben gefühlt?
→ Fiel es euch leicht, eurem Partner oder eurer Partnerin zu vertrauen?

Gebäudereiniger/in

PARTNERARBEIT

Aufgabe: Wählt 8 Fragen aus und beantwortet sie schriftlich im Heft oder auf der Rückseite des Arbeitsblatts.
Besprecht die Antworten in der Klasse.

1) Mit welchen Geräten und Maschinen wird gearbeitet?
2) Welche Kompetenzen werden erwartet?
3) Warum muss ich als Gebäudereiniger/in teamfähig sein?
4) Welche Arbeiten fallen im Herbst und im Winter an?
5) Welche Flächen werden gereinigt? Überlegt euch eigene Beispiele.
6) Was meint Kundenorientierung? Nennt Beispiele.
7) Warum darf ich als Gebäudereiniger/in keine Höhenangst haben?
8) Glaubt ihr, dass man Höhenangst überwinden kann?
9) Warum sind Gebäudereiniger/innen Frühaufsteher/innen?
10) Warum ist ein Führerschein wichtig?
11) Ist der Beruf Gebäudereiniger/in gefährlich?
12) Warum wirbt Herr Elias für ein Praktikum als Gebäudereiniger/in?
13) Welche Argumente sprechen für den Beruf Gebäudereiniger/in?
14) Welche Argumente sprechen eurer Meinung nach gegen den Beruf?

INFO

Fachpraktiker/in im Gartenbau (1/2)

▶ Das Werkstattjahr bei Agricola bereitet auf eine Ausbildung zur Fachpraktikerin oder zum Fachpraktiker im Gartenbau vor.

Jennifer: „Besonders im Herbst haben wir auf dem Friedhof jede Menge zu tun. Das Laub muss von den Rasenflächen entfernt werden und auch die Gräber werden regelmäßig vom Laub befreit. Ich arbeite gerne draußen und schlechtes Wetter macht mir nichts aus. Ich kann beim Arbeiten meinen Gedanken nachhängen und alles in Ruhe erledigen. Ich würde mich freuen, wenn mehr Mädchen den Beruf ergreifen würden. Er macht großen Spaß."

Wojciek: „Hier lege ich gerade eine Furche mit kleinen Kieselsteinen aus. Das sieht schön aus und sorgt dafür, dass es dort nach starkem Regen nicht so matschig ist. Natürlich muss ich dabei Handschuhe tragen wie bei fast allen anderen Arbeiten auch. Außerdem trage ich immer meine Arbeitshose und Sicherheitsschuhe, das ist Vorschrift. Die Arbeit auf dem Friedhof ist in Ordnung, aber später, nach der Ausbildung, möchte ich gerne in einer Baumschule arbeiten und Bäume heranziehen."

Jovan: Es wird noch ein ganzes Stück Arbeit in der Schule, bis ich mir die Namen der Pflanzen alle gemerkt habe. Der Unterricht ist aber nicht schwer! Die Grundrechenarten werden wiederholt und Geometrie war für mich noch nie ein Problem. Neuerdings interessiere ich mich auch für Biologie, ob ich nun will oder nicht. Ich arbeite am liebsten mit meinem Kollegen zusammen, also Teamfähigkeit ist das Stichwort. Die Pflanzen bringe ich jetzt zu einem Grab, das neu bepflanzt werden soll. Wir müssen überlegen, wie wir die verschiedenen Pflanzen dort anordnen, damit es schön aussieht. Man braucht schon etwas Fantasie und gute Ideen."

INFO

Fachpraktiker/in im Gartenbau (2/2)

Marcella: „Jetzt werden die Pflanzen auf dem Grab verteilt und der Gesamteindruck wird gecheckt, bevor wir anfangen, zu buddeln. Ich will später auf jeden Fall in einer Friedhofsgärtnerei arbeiten. Den ganzen Tag an der frischen Luft, kein Stress und die ‚Bewohnerinnen' und ‚Bewohner' hier nerven auch nicht. Zur Ausbildung in der Fachrichtung Friedhofsgärtnerei gehört allerdings auch, wie du einfache Trauerbinderei und Dekorationen anfertigst. Das wird eine Herausforderung, denn mit der Feinmotorik hab ich es nicht so!
Na ja, auch das kannst du lernen. Cool finde ich, dass du für die Ausbildung zur Fachpraktikerin oder zum Fachpraktiker im Gartenbau keinen Hauptschulabschluss brauchst."

Stefan: „Wir üben gerade, Pflastersteine zu setzen. Das ist nicht so einfach, wie es aussieht, und du brauchst ganz schön viel Kraft. Der Gummihammer ist ziemlich schwer. Aber Pflastern find ich toll. Ich werde versuchen, eine Ausbildung im Bereich Garten- und Landschaftsbau zu bekommen. Da lerne ich, wie man Terrassen pflastert. Und glaubt mir, es gibt die tollsten Muster! Das Zeichnen der Muster und das Erstellen von Plänen für einen Garten ist bestimmt schwer. Hoffentlich kann ich irgendwann auch mal mit einem großen Bagger fahren."

Über den QR-Code unten gelangst du zu einem Film und zu weiteren Informationen zum Berufsfeld Gartenbau.

Weitere Informationen zu Berufen im Bereich Gartenbau findest du hier:
https://planet-beruf.de/schuelerinnen/berufe-finden/a-z/ausbildungsberufe-g/gaertner-in

EINZELARBEIT

Aufgabe: Notiere, welche Kompetenzen du für eine Ausbildung als Fachpraktiker/in im Gartenbau brauchst:

....

....

Fachpraktiker/in im Gartenbau

PARTNER-/GRUPPENARBEIT

Aufgabe 1: Informiert euch über die 7 verschiedenen Spezialisierungen während der Ausbildung (siehe Internetadresse/QR-Code im Kasten unten).

Notiert sie hier:

....

....

....

....

Aufgabe 2: Beantworte folgende Fragen:

Wie lange dauert die Ausbildung?

....

Wo wird gearbeitet?

....

Welche Kompetenzen solltest du für diesen Beruf mitbringen?

....

....

Welcher Schulabschluss wird erwartet?

....

Aufgabe 3: Stelle die Fachrichtung den anderen aus deiner Klasse vor.

Weitere Informationen zur Ausbildung als Fachpraktiker/in im Gartenbau findest du hier:
https://web.arbeitsagentur.de/berufenet/beruf/579

INFO

Florist/in

▶ Julia ist im 3. Lehrjahr zur Floristin.
Sie zeigt der Klasse 8d, wie man einen Strauß mit Röschen bindet.

„Zunächst werden die Röschen von den Dornen befreit. Dann werden sie mit dem Grün zusammen in eine runde Form gebunden. Das lernst du alles während der Ausbildung. Du musst allerdings schon ein Gespür für Formen und Farben mitbringen. Wenn das Fach Kunst zu deinen Lieblingsfächern zählt, könnte dieser Beruf das Richtige für dich sein. Und mit etwas handwerklichem Geschick entstehen dann so schöne Blumensträuße wie dieser hier. Natürlich solltest du dich für Pflanzen interessieren und gerne mit Naturmaterialien arbeiten. Das Fach Biologie ist im Berufskolleg sehr wichtig. Du musst zum Beispiel auch die lateinischen Pflanzennamen lernen. Dazu solltest du gut im Kopfrechnen sein, weil du während des Bindens des Straußes schon überlegen musst, was der Blumenstrauß kostet. Viele geben einen Preis vor, manche sagen einfach: ‚Ich hätte gerne einen schönen Strauß für 20 Euro', und dann musst du mitrechnen können.

Genauso wichtig sind Kontaktfähigkeit und Kommunikationsfähigkeit. Viele haben keine genaue Vorstellung davon, was sie eigentlich möchten, und du musst kreative Vorschläge machen. Das ist oft nicht einfach, aber es ist ein gutes Gefühl, wenn die Kundschaft dann zufrieden ist. Es gibt auch Leute, die du nur schwer zufrieden stellen kannst, aber auch da ist Freundlichkeit gefragt.

Am liebsten fertige ich Blumengestecke für große Feiern an. Da kann ich meiner Fantasie und Kreativität freien Lauf lassen. Traurig ist es, wenn Kränze für eine Beerdigung bestellt werden. In so einem Fall brauchst du Einfühlungsvermögen für die Trauernden und viel Geduld.

Aufräumen und Saubermachen gehören natürlich auch dazu. Das Geschäft muss immer gepflegt aussehen und darf keinen schmuddeligen Eindruck machen."

Florist/in

EINZELARBEIT

Aufgabe 1: Trage die Wörter in das Kreuzworträtsel ein.
Die umrandeten Kästchen ergeben das Lösungswort.

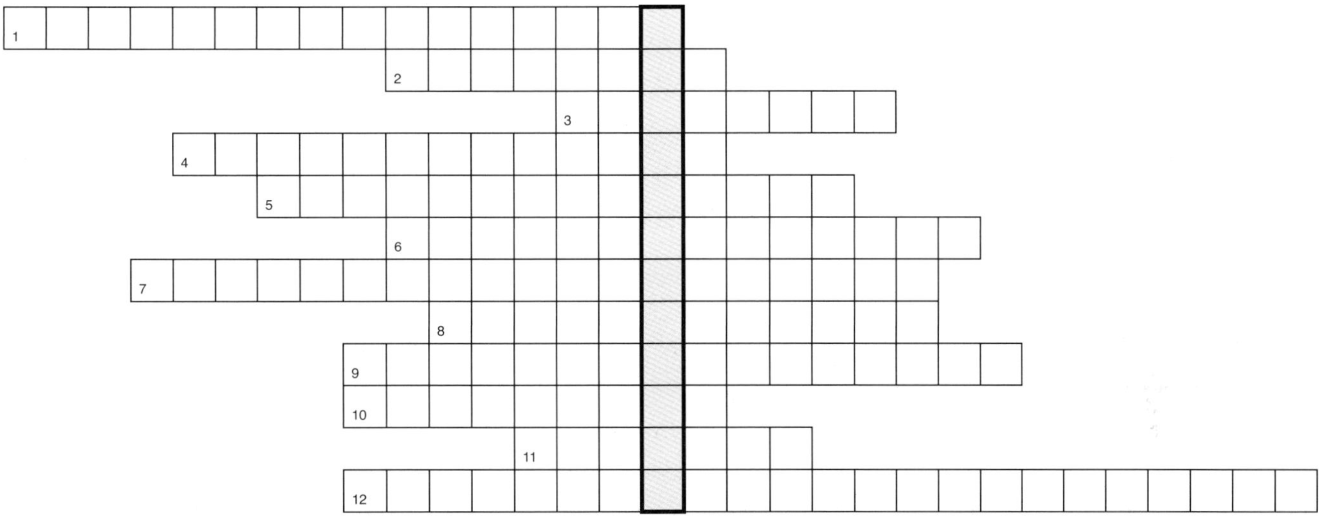

1) Im Umgang mit den Kunden und Kundinnen benötigt die Floristin …

2) Ein wichtiges Fach im Berufskolleg ist …

3) Für schön gebundene Blumensträuße benötigt Julia handwerkliches …

4) Kunst war in der Schule Julias …

5) Das oberste Gebot im Laden ist …

6) Für große Feiern fertigt Julia gerne schöne …

7) Bei der Beratung von Trauernden benötigt Julia …

8) Zum Unterricht während der Ausbildung geht Julia in das …

9) Julia arbeitet sehr gerne mit …

10) Eine lästige Pflicht ist das …

11) Julia bindet einen Strauß mit kleinen …

12) Die Beratung der Kunden und Kundinnen erfordert eine gute …

GRUPPENARBEIT

Aufgabe 2: Welche Blumen kennt ihr?
Schreibt möglichst viele Blumennamen auf.
Welche Gruppe hat die meisten notiert?

Florist/in

GRUPPENARBEIT

Wie heißen diese Blumen? In welchen Farben gibt es sie?
Wenn ihr es nicht wisst, dann fragt in einem Blumenladen nach.
Schaut euch dort auch Blumensträuße an.

....

....

....

....

....

....

....

....

Gerbera
Rose
Orchidee
Lilie
Tulpe
Nelke
Sonnenblume
Hyazinthe

Den Beruf Florist/in kann ich mir ☐ gut ☐ vielleicht ☐ gar nicht vorstellen.

Altenpflegehelfer/in (1/2)

▶ Lilli, Nathalie, Nitanja und Kevin haben eine Ausbildung als Altenpflegehelfer/in gemacht. Sie arbeiten nun im Schichtdienst in einem Alten- und Pflegeheim.
Die Ausbildung dauert nur ein Jahr an einer Berufsfachschule, die oft an ein Altenheim angeschlossen ist. Während der Ausbildung haben sie verschiedene Praktika gemacht, im Pflegeheim und in der ambulanten Pflege. Ambulante Pflege meint, dass man zu den Patienten und Patientinnen hinfährt und diese zu Hause versorgt.

PARTNER-/GRUPPENARBEIT

Aufgabe: Schneidet die Text- und Fotokarten aus und ordnet zu. Vergleicht eure Ergebnisse und klebt dann die Fotos neben die passenden Textkarten.

Lilli hilft der Altenpflegerin bei allen anfallenden Arbeiten. Morgens ist die Grundpflege: Die Bewohner und Bewohnerinnen werden gewaschen und gegebenenfalls müssen die Windeln gewechselt werden. Lilli bezieht das Bett neu und richtet alles her, damit Herr Kreiter wieder bequem im Bett liegen kann. Dann wird das Zimmer aufgeräumt.

Die dreckige Wäsche wird in große Behälter sortiert und dann in den Keller gebracht. Dort wird sie von einer Wäscherei abgeholt. Nathalie fährt mit dem Wagen von Zimmer zu Zimmer und sammelt die Wäsche ein. Mit Desinfektionsspray und Einmalhandschuhen schützt sie sich vor Infektionen.

Das Regal wird eingeräumt: Nitanja sortiert Windeln und schaut, welche Sachen nachbestellt werden müssen. Sie liebt ihren Job: „Ich liebe diese Menschen und sie lieben mich. Ich arbeite sehr gerne hier, denn fast alle Bewohnerinnen und Bewohner sind sehr nett und dankbar für die Hilfe."

Frau Schnelle soll gebadet werden und Lilli holt ein Hebegerät. „Wir benötigen schon einiges an Kraft in diesem Beruf, aber es gibt inzwischen auch Hilfsgeräte. Außerdem lernt man während der Ausbildung, wie man heben und sich bücken muss, um Rückenschäden zu vermeiden."

Viele Tätigkeiten in der Altenpflege sind eher hauswirtschaftlich. Die Bewohner und Bewohnerinnen werden mit Speisen und Getränken versorgt. Am Sonntagnachmittag gibt es immer ein leckeres Stück Kuchen. Frühstück und Abendbrot müssen vorbereitet werden, Krusten werden entfernt und einige bekommen das Essen angereicht oder werden gefüttert.

Altenpflegehelfer/in (2/2)

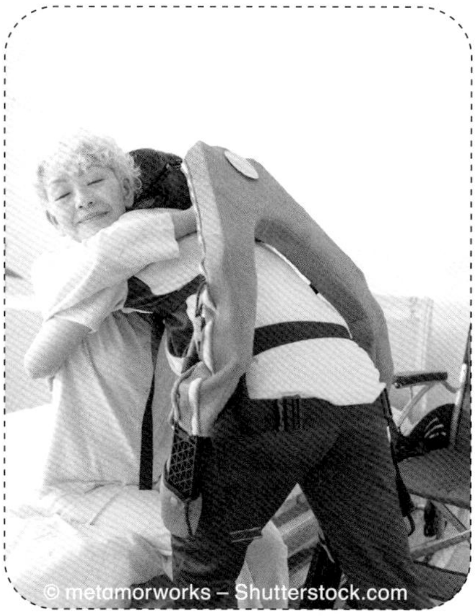

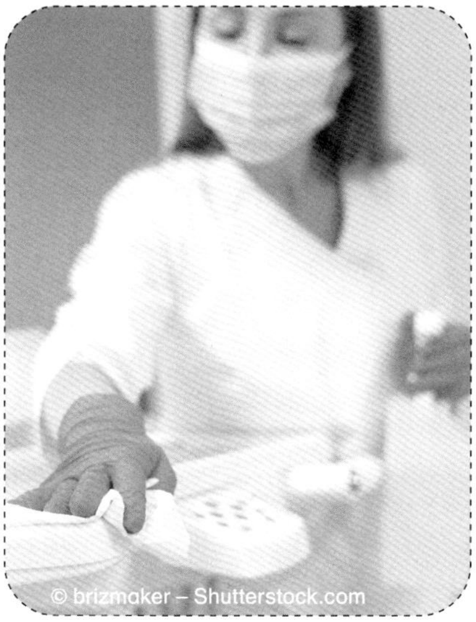

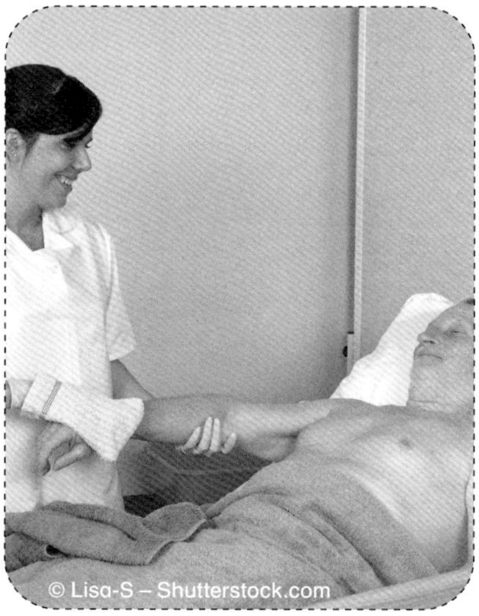

Weitere Informationen zum Beruf Altenpflegehelfer/in findest du hier:
https://planet-beruf.de/schuelerinnen/welche-ausbildungen-gibt-es/welche-berufe-gibt-es/berufe-a-z/ausbildungsberufe-a/altenpflegehelfer-in

www.caritas-soziale-berufe.de

Altenpflegehelfer/in

PARTNERARBEIT

Aufgabe: Füllt die Lücken aus, vergleicht eure Ergebnisse und lest den Text in der Klasse vor.

Feiertage • Altenpflegerin • Verständnis • Situationen • Wochenende • Verband
Beobachtungsgabe • Hilfsbereitschaft • Geduld • Freundlichkeit
Medikamente • Erfahrung • Schichtdienst

Nathalie bemerkt, wenn sich der körperliche oder seelische Zustand einer Bewohnerin oder eines Bewohners verändert. Dafür braucht sie eine gute (1).. . Menschen, die an Alzheimer leiden, benehmen sich häufig anders, als man das erwartet. Nathalie muss lernen, (2).. einzuschätzen. Dafür braucht man auch ein paar Jahre (3).. Nathalie arbeitet am Vormittag, mal am Nachmittag oder auch nachts, also im (4).. Dazu gehören auch das (5).. oder (6).., denn die Patientinnen und Patienten müssen immer versorgt werden. Die Bewohnerinnen und Bewohner haben oft Mühe beim Essen und Trinken. Da man nicht ständig drängeln darf, braucht Nathalie viel (7).. . Sie hat (8).. für die Probleme der alten Menschen. Ihr macht die Arbeit Spaß, denn die Bewohnerinnen und Bewohner sind meistens sehr dankbar für Nathalies (9).. und (10).. Nathalie darf selber keine (11).. geben oder einen (12).. wechseln. Das macht die gelernte (13).. . Nathalie darf dabei helfen.

Den Beruf Altenpflegehelfer/in kann ich mir ☐ gut ☐ vielleicht ☐ gar nicht vorstellen.

Berufe I

EINZELARBEIT

Aufgabe: Du hast viele Berufe kennengelernt.
Kreuze an, welche Berufe für dich infrage kommen.

Beruf	*Kann ich mir gut vorstellen*	*Kann ich mir vielleicht vorstellen*	*Kann ich mir nicht vorstellen*
Berufe im Bereich Bau			
Maler/in und Lackierer/in			
Tischler/in und Holzbearbeiter/in			
Fliesenleger/in			
Berufe im Bereich Fahrzeugtechnik			
Fahrzeuglackierer/in			
Fachpraktiker/in für Kfz-Mechatroniker			
Fahrradmonteur/in			
Tankwart/in			
Berufe im Bereich Lebensmittel			
Fachpraktiker/in Küche			
Fachverkäufer/in (Fleischerei)			
Fleischer/in			
Fachverkäufer/in (Bäckerei)			
Berufe im Bereich Dienstleistung			
Hauswirtschafter/in/Hauswirtschaftsassistent/in			
Fachpraktiker/in Gastronomie			
Friseur/in			
Verkäufer/in			
Berufe im Bereich Haus und Garten			
Gebäudereiniger/in			
Fachpraktiker/in Gartenbau			
Florist/in			
Altenpflegehelfer/in			

Berufe II

EINZELARBEIT

Aufgabe: Beantworte die folgenden Fragen.

Welcher Beruf hat dir am besten gefallen?

....

Was sind die wichtigsten Kompetenzen, die du für diesen Beruf mitbringen solltest?

....

....

....

Schaue noch mal auf den Auswertungsbogen „Meine Kompetenzen“.
Trage deine Kompetenzen und die Kompetenzen,
die deine Lehrkraft bei dir sieht, hier ein:

Kann ich sehr gut:	Das sagt mein Lehrer/meine Lehrerin:

Passen deine Kompetenzen zu den Kompetenzen deines Wunschberufes?
Schreibe auf, welche Kompetenzen du für diesen Beruf schon mitbringst.

....

....

....

Schreibe auf, welche Kompetenz(en) du eventuell für
diesen Beruf noch trainieren musst.

....

....

INFO

Ausbildung

Melanie hat bei mehreren Praktika in der Bäckerei ihre Fähigkeiten bewiesen. Gute Noten in der Schule, ihr unbedingter Wille und eine Portion Glück kamen noch dazu. So konnte sie direkt nach der Schule ihre Ausbildung als Bäckereifachverkäuferin beginnen.
Dafür hat sie zunächst einen **Ausbildungsvertrag** unterschrieben. Eine **duale Ausbildung** dauert in der Regel 3 Jahre. Melanie geht einen Tag in der Woche in das **Berufskolleg**, die anderen Tage arbeitet sie in der Bäckerei.
Melanies Ausbildung beginnt mit einer dreimonatigen **Probezeit**. Während der Probezeit überprüft ein Ausbildungsbetrieb, ob die Auszubildenden geeignet sind, den gewählten Beruf zu erlernen, Interesse zeigen und bereit sind, sich den betrieblichen Abläufen anzupassen. Die Auszubildenden haben Zeit, zu überlegen, ob der gewählte Beruf der richtige ist und die gestellten Anforderungen so sind wie erwartet.
Die Ausbildung kann während der Probezeit von beiden Seiten, ohne Begründung, jederzeit durch eine fristlose Kündigung beendet werden.
Die Probezeit beträgt zwischen einem und 4 Monaten und ist im Ausbildungsvertrag festgelegt.
Ungefähr nach der Hälfte der Ausbildungszeit muss Melanie eine **Zwischenprüfung** ablegen. Hier wird in erster Linie abgefragt, ob Melanie den Unterrichtsstoff gelernt hat.
Wenn du in der Schule Probleme hast, kannst du dich an die Bundesagentur für Arbeit wenden. In vielen Fällen unterstützt sie die Auszubildenden durch **die Assistierte Ausbildung (AsA)**. Nachhilfeunterricht und sozialpädagogische Begleitung sollen die Fortsetzung und den erfolgreichen Abschluss der Berufsausbildung sicherstellen. Man sollte bei der Berufsberatung nach dieser Möglichkeit fragen.
Am Ende der Ausbildung muss Melanie eine **Abschlussprüfung** ablegen. Sie besteht aus einem praktischen und einem theoretischen Teil. Wer die Prüfung bestanden hat, bekommt entweder einen **Facharbeiterbrief** oder den **Gesellenbrief**, auf dem die erfolgreiche Ausbildung beurkundet wird.

Dual bedeutet „2 enthaltend“.
Die Ausbildung besteht aus 2 Teilen: die praktische Ausbildung im Betrieb und die theoretische Ausbildung im Berufskolleg.

Ausbildung

EINZEL-/PARTNERARBEIT

Aufgabe: Verbinde die Begriffe mit der passenden Erklärung.
Vergleiche deine Ergebnisse mit einem Partner oder einer Partnerin und schreibe die Begriffe mit den Erklärungen ins Heft oder auf die Rückseite des Arbeitsblatts.

Begriff	Erklärung
Der **Ausbildungsvertrag** ist eine …	… schaut der Betrieb, ob Auszubildende für den Beruf geeignet sind. Das Ausbildungsverhältnis kann jederzeit von beiden Seiten fristlos gekündigt werden.
Duale Ausbildung heißt, dass …	… kann man bei der Berufsberatung der Bundesagentur für Arbeit beantragen, wenn man Hilfe mit dem Unterrichtsstoff im Berufskolleg benötigt.
Im **Berufskolleg** …	… die Ausbildung aus 2 Teilen besteht: Der praktische Teil findet im Betrieb und der theoretische Teil im Berufskolleg statt.
Während der **Probezeit** …	… wird am Ende der Ausbildung abgelegt und besteht aus einem praktischen und einem theoretischen Teil. Man kann die Prüfung wiederholen, wenn man nicht besteht.
Die **Zwischenprüfung** …	… erwerben Auszubildende das notwendige Fachwissen für den Beruf, um diesen fachgerecht ausüben zu können.
Die **Assistierte Ausbildung** …	… ist das Abschlusszeugnis und bescheinigt den erfolgreichen Abschluss der Ausbildung.
Die **Abschlussprüfung** …	… kontrolliert, ob Auszubildende das notwendige Fachwissen erworben haben, um die Ausbildung erfolgreich abzuschließen.
Der **Gesellen-/Facharbeiterbrief** …	… schriftliche Vereinbarung zwischen Betrieb und Auszubildenden, in dem alle wichtigen Dinge, wie Arbeitszeit, Probezeit und Gehalt, festgelegt sind.

INFO

Außerbetriebliche Ausbildung

Fabio hat seinen Hauptschulabschluss nachgeholt und danach keinen Ausbildungsplatz gefunden. Sein Berater der Bundesagentur für Arbeit stellt nach einem Test fest, dass Fabio die nötigen Kompetenzen für eine erfolgreiche Ausbildung mitbringt. Und so bietet der Berater Fabio einen außerbetrieblichen Ausbildungsplatz zum Ausbaufacharbeiter an. In diesem Berufsfeld hat Fabio schon ein Praktikum gemacht, das ihm viel Spaß gemacht hat. Fabio sagt sofort zu. Die Ausbildung dauert 2 Jahre. Außerbetriebliche Ausbildung bedeutet, dass Fabio den praktischen Teil seiner Ausbildung nicht in einem richtigen Betrieb macht, sondern in einer extra dafür eingerichteten Werkstatt. In diesen Werkstätten werden Jugendliche ausgebildet, die keinen Ausbildungsplatz gefunden haben und Unterstützung während der Ausbildung benötigen.

An 2 Tagen in der Woche geht er zum Berufskolleg. „Der Unterricht ist für mich ziemlich schwer, besonders in Mathe muss ich gut aufpassen und viel lernen. Bei Problemen in der Schule kann ich mich aber immer an meinen Ausbilder wenden und ich bekomme Nachhilfeunterricht. So verliere ich den Anschluss nicht. Ich bin mir sicher, dass ich das packen werde."
Damit Fabio auch einen Eindruck von der Wirklichkeit bekommt, macht er immer wieder Praktika in verschiedenen Betrieben. „Den Umgang mit Kundinnen und Kunden bin ich natürlich nicht gewohnt, denn echte Kundschaft gibt es bei uns in der Werkstatt nicht. Wir üben die verschiedenen Arbeiten an Übungswänden. Meistens werden die Wände später wieder abgerissen – das ist echt frustrierend! Deshalb finde ich die Praktika so wichtig und vielleicht ergibt sich ja die Möglichkeit, in einem richtigen Betrieb die Ausbildung fortzusetzen."
Fabio erhält eine Ausbildungsvergütung, also Geld. Das ist nicht ganz so viel wie in einem Betrieb, aber Fabio kann ganz gut davon leben. „Das ist mir auch nicht so wichtig. Wichtig ist, dass ich die Ausbildung schaffe, denn dann kann ich in einer guten Firma viel Geld verdienen. Nach der außerbetrieblichen Ausbildung bin ich genauso gut ausgebildet wie jeder andere Ausbaufacharbeiter, denn die Prüfung ist die gleiche."

TIPP
Eine außerbetriebliche Ausbildung kann dir nur die Bundesagentur für Arbeit vermitteln. Erkundige dich im Internet und bei deiner Berufsberatung der Bundesagentur für Arbeit.

Außerbetriebliche Ausbildung

Die außerbetriebliche Ausbildung unterscheidet sich in einigen Punkten von der Ausbildung in einem Betrieb.

PARTNERARBEIT

Aufgabe: Ordnet die Sätze den beiden Ausbildungsformen zu.

A = außerbetriebliche Ausbildung
B = betriebliche Ausbildung
AB = trifft für beide Ausbildungsformen zu

- [ ] Du machst während der Ausbildung mehrere Praktika.
- [ ] Den Ausbildungsplatz suchst du dir in der Regel selbst.
- [ ] Bei Problemen in der Schule bekommst du Nachhilfeunterricht.
- [ ] Der Unterricht findet am Berufskolleg oder in der Berufsschule statt.
- [ ] Du arbeitest in einem Betrieb.
- [ ] Nach der Prüfung bist du Ausbaufacharbeiter/in.
- [ ] Du bekommst eine Ausbildungsvergütung.
- [ ] Die praktische Arbeit findet in einer extra dafür eingerichteten Werkstatt statt.
- [ ] Die Ausbildung dauert 2 Jahre.
- [ ] Am Ende der Ausbildung musst du eine Prüfung ablegen.
- [ ] Du kannst später in jedem Betrieb arbeiten.
- [ ] Du bekommst etwas weniger Geld während der Ausbildung.
- [ ] Du bist ständig bei verschiedenen Kunden und Kundinnen unterwegs.
- [ ] Du musst dich weitestgehend selbst um alles kümmern.
- [ ] Einen Ausbildungsplatz bekommst du nur über die Bundesagentur für Arbeit.

INFO

Berufsvorbereitende Bildungsmaßnahme (BvB)

Luis hat noch keinen Hauptschulabschluss und ist sich auch noch nicht ganz sicher, was er mal werden will. Er möchte in seinem Beruf gerne mit vielen Menschen Kontakt haben und Hauswirtschaft hat ihm in der Schule immer Spaß gemacht. Auf seinem Zeugnis sind kaum Fehlzeiten, er war immer pünktlich und zuverlässig und seine Hausaufgaben hat er regelmäßig gemacht. Die Berufsberaterin der Bundesagentur für Arbeit hat ihm deshalb eine Berufsvorbereitende Bildungsmaßnahme (BvB) vorgeschlagen.

Die BvB dauert 10 Monate und soll Luis auf eine Ausbildung vorbereiten. Hier hat Luis die Möglichkeit, seine Fähigkeiten und Fertigkeiten hinsichtlich einer möglichen Berufswahl zu überprüfen und er kann verschiedene Berufe kennenlernen, um so eine Berufswahlentscheidung zu treffen.

Nach einer Eignungsanalyse und einem Praktikum steht fest, dass Hauswirtschaft der richtige Bereich für Luis ist. An 3 Tagen in der Woche erlernt er nun alle grundlegenden Tätigkeiten des Hauswirtschaftshelfers. Neben fachlichen Kompetenzen werden auch persönliche und soziale Kompetenzen weiter gefördert. Während der BvB absolviert Luis mehrere Praktika in verschiedenen Betrieben und da er inzwischen sehr selbstständig arbeitet, steht nach 8 Monaten fest, dass er im Anschluss an die Maßnahme einen Ausbildungsplatz bekommt.

Für Luis war die BvB die richtige Entscheidung. Nach einem Jahr hat er nicht nur einen Ausbildungsplatz, sondern wegen seiner guten Schulleistungen auch den Hauptschulabschluss geschafft. Während der Berufsvorbereitenden Bildungsmaßnahme erhält Luis eine Aufwandsentschädigung für die Fahrkarte und andere anfallende Kosten.

!

TIPP
Einen Platz in einer BvB kannst du nur durch die Berufsberatung bei der Bundesagentur für Arbeit (BA) bekommen, da die Bundesagentur für Arbeit die Kosten für die BvB übernimmt.

Berufsvorbereitende Bildungsmaßnahme (BvB)

EINZELARBEIT

Aufgabe: Kreuze die richtige Lösung an.

Die BvB dauert

- [ ] 10 Monate.
- [ ] 2 Jahre.
- [ ] 10 Wochen.

Luis hat zu Beginn

- [ ] einen Hauptschulabschluss.
- [ ] keinen Hauptschulabschluss.
- [ ] einen Realschulabschluss.

Bei einer BvB macht man zuerst eine

- [ ] Eingangsanalyse.
- [ ] Eignungsanalyse.
- [ ] Einigungsanalyse.

Am meisten Spaß machte Luis das Fach

- [ ] Kunst.
- [ ] Hauswirtschaft.
- [ ] Mathe.

Die Bundesagentur für Arbeit

- [ ] will Geld für die BvB.
- [ ] bezahlt dir die Wohnung.
- [ ] übernimmt die Kosten der BvB.

Luis hatte in der Schule wenig

- [ ] Freizeit.
- [ ] Fehlzeiten.
- [ ] Ferienzeiten.

Luis erhält eine Aufwandsentschädigung für die

- [ ] Wochenenden.
- [ ] Fahrtkosten.
- [ ] Schule.

Der richtige Bereich für Luis ist

- [ ] Haushaltswaren.
- [ ] Hausreinigung.
- [ ] Hauswirtschaft.

Nach einem Jahr erreicht Luis

- [ ] einen Hauptschulabschluss.
- [ ] einen Schulabschluss.
- [ ] ein Praktikum.

Nach der BvB beginnt Luis

- [ ] einen Urlaub.
- [ ] eine Ausbildung.
- [ ] einen Kochkurs.

Eine BvB vermittelt dir ein

- [ ] Lehrer.
- [ ] Berufsberater.
- [ ] Ausbilder.

Während der BvB macht Luis

- [ ] mehrere Praktika.
- [ ] Urlaube.
- [ ] Besichtigungen.

Durch ein gutes Praktikum findet Luis

- [ ] einen Job.
- [ ] einen Ausbildungsplatz.
- [ ] einen Freund.

Gefördert werden bei der BvB auch

- [ ] soziale Kompetenzen.
- [ ] künstlerische Kompetenzen.
- [ ] sportliche Kompetenzen.

INFO

Werkstattjahr (Nordrhein-Westfalen)

Alex und Cara wissen nach der Schule nicht so recht, wie es nun weitergehen soll. Für sie steht nur fest, dass sie auf keinen Fall weiter zur Schule gehen wollen. Schule war noch nie ihr Ding. Sie haben keinen Hauptschulabschluss, das Zeugnis ist bescheiden und die Fehlzeiten können sich sehen lassen.

Die Beraterin der Bundesagentur für Arbeit empfiehlt ihnen ein Werkstattjahr im Bereich Garten- und Landschaftsbau. Das Werkstattjahr unterstützt Jugendliche mit Lernschwierigkeiten und bereitet sie auf einen Arbeitsplatz oder eine Ausbildung vor.
Nach ein paar Wochen ist Alex überzeugt, die richtige Entscheidung getroffen zu haben. „Ich bin den ganzen Tag an der frischen Luft und kann in meinem eigenen Tempo arbeiten."

Neben der Vermittlung von Basiswissen und Fähigkeiten für den Beruf des Werkers oder der Werkerin im Gartenbau werden im Werkstattjahr die Schlüsselqualifikationen weiter trainiert: Selbstständigkeit, Zuverlässigkeit und Pünktlichkeit. Die kleine Gruppe von 10 Lernenden und die individuelle Betreuung helfen Cara und Alex, Regeln einzuhalten und Verantwortung für sich selber zu übernehmen.

Cara: „Meine Fehlzeiten sind stark zurückgegangen. Das liegt bestimmt daran, dass mir das Arbeiten viel mehr Spaß macht als die Schule. Schule muss aber immer noch sein. An 2 Tagen hab ich Berufsschulunterricht. Da wird noch mal alles wiederholt, was ich in der Schule noch nicht kapiert oder verpasst habe. Wenn alles klappt, kann ich im nächsten Jahr eine überbetriebliche Ausbildung zur Werkerin im Gartenbau anfangen, dafür muss ich meine Noten aber noch verbessern."

Während des Werkstattjahrs machen Cara und Alex mehrere Praktika in Betrieben, um ihre praktischen Fähigkeiten zu erweitern und den Umgang mit Kundschaft zu üben. Sie erhalten eine Aufwandsentschädigung von 120 € im Monat für Fahrtkosten und den Kauf von Arbeitskleidung.

!

TIPP
Das Werkstattjahr gibt es überall in Nordrhein-Westfalen.
Erkundige dich bei deiner Berufsberatung nach dem Angebot in deiner Stadt oder schaue im Internet. Du kannst einen Platz im Werkstattjahr nur über die Bundesagentur für Arbeit bekommen, weil die Kosten für das Werkstattjahr und deine Aufwandsentschädigung von der Bundesagentur für Arbeit übernommen werden.

Werkstattjahr (Nordrhein-Westfalen)

Das Werkstattjahr wendet sich an Jugendliche, die ihre Schlüsselqualifikationen noch trainieren müssen. Schlüsselqualifikationen oder Schlüsselkompetenzen sind die Fähigkeiten, die du für jeden Beruf brauchst.

EINZELARBEIT

Aufgabe: Suche die Kompetenzen im Wortsuchfeld und markiere sie.
Es sind 15 Begriffe!

L	R	W	Q	E	I	R	T	Z	P	Ü	K	A	K	S	D	F	I	K
E	E	S	D	G	H	F	G	H	J	K	O	Y	R	X	C	J	N	O
I	C	A	L	Q	K	X	S	W	C	L	N	E	I	V	F	Ö	B	M
S	H	N	E	H	Ä	Y	Z	M	X	C	F	V	T	B	N	M	U	M
T	N	L	S	O	Q	P	W	Y	X	E	L	V	I	B	N	R	A	U
U	E	F	E	T	E	A	M	F	Ä	H	I	G	K	E	I	T	Z	N
N	N	A	N	Y	W	S	X	E	T	Z	K	C	F	R	F	U	T	I
G	I	K	O	L	P	M	N	B	O	P	T	C	Ä	Ü	A	S	L	K
S	S	C	H	R	E	I	B	E	N	K	F	H	H	G	F	D	S	A
B	F	O	G	I	U	Z	H	R	J	E	Ä	Q	I	K	J	K	G	T
E	K	O	N	F	M	E	R	K	F	Ä	H	I	G	K	E	I	T	I
R	W	E	L	R	T	Z	U	I	Ö	K	I	T	K	K	I	P	R	O
E	A	Q	Ä	E	T	U	O	P	T	Y	G	G	E	D	E	L	P	N
I	F	R	E	U	N	D	L	I	C	H	K	E	I	T	J	K	G	S
T	B	E	L	A	S	T	B	A	R	K	E	I	T	S	D	F	G	F
S	A	L	L	G	E	M	E	I	N	B	I	L	D	U	N	G	H	Ä
C	N	B	J	V	C	X	L	J	G	K	T	L	Ö	Ä	Y	Q	E	H
H	S	E	L	B	S	T	B	E	W	U	S	S	T	S	E	I	N	I
A	Y	X	C	V	B	N	M	Q	W	E	R	T	Z	U	I	O	P	G
F	Ü	Z	U	V	E	R	L	Ä	S	S	I	G	K	E	I	T	A	K
T	D	F	G	H	J	K	L	Ö	Y	X	C	V	B	N	M	Q	W	E
E	P	Ü	N	K	T	L	I	C	H	K	E	I	T	R	T	Z	U	I
S	E	L	B	S	T	S	T	Ä	N	D	I	G	K	E	I	T	P	T

INFO

Ausbildung im Berufsbildungswerk (BBW)

▶ René macht im Berufsbildungswerk eine Ausbildung zum Holzbearbeiter. Er unterhält sich mit Svenja, die mit ihrer Klasse das BBW besichtigt.

René: „Ich hatte keine besonders guten Noten, aber ich war immer zuverlässig und motiviert, deshalb habe ich nach der Schulzeit erst eine Berufsvorbereitende Bildungsmaßnahme mitgemacht. Danach hat mir der Berufsberater der Bundesagentur für Arbeit eine Ausbildung in einem Berufsbildungswerk vorgeschlagen."

Svenja: „Ich hab gesehen, dass man hier auch wohnen kann."
René: „Ja klar, viele leben hier in Wohngruppen. Zu Beginn der Ausbildung habe ich auch hier gewohnt, weil ich zu Hause nur Stress hatte und der Weg auch ganz schön weit ist. Aber inzwischen komme ich mit meinen Eltern wieder gut klar und die Fahrerei ist auch nicht so schlimm. Als ich hier gewohnt habe, bin ich jedes Wochenende nach Hause gefahren."

Svenja: „Wie viele Auszubildende gibt es hier denn und welche Berufe kann man lernen?"
René: „Hier sind im Moment über 200 Jugendliche, da ist natürlich immer was los! Du kannst eine Ausbildung in fast 20 verschiedenen Berufen machen, vom Beikoch über den Maler bis hin zur Verkäuferin. Die Schule ist auch direkt hier im Haus. Das ist praktisch und wenn du Hilfe brauchst, ist immer jemand da, an den du dich wenden kannst."

Svenja: „Und was passiert hier nachmittags und abends?"
René: „Du kannst ins Internetcafé gehen und chatten, dich im Fitnessraum auspowern oder Billard spielen. Aber oft ist es auch nett, mit den anderen in der Wohngruppe zu chillen oder zusammen was zu kochen. Hier findest du ganz schnell Freundinnen und Freunde und langweilig ist es nie. Aber ich muss auch sagen, dass ich nach der Arbeit oft ziemlich kaputt und deshalb froh bin, wenn ich früh schlafen gehen kann."

Svenja: „Das hört sich alles ganz interessant an, das könnte ich mir auch vorstellen. Ich würde gerne was mit Holz machen, aber eine Ausbildung traue ich mir nicht zu."
René: „Dann ist das BBW vielleicht genau das Richtige für dich. Sprich mal mit deiner Berufsberatung und frag nach einem Platz im Berufsbildungswerk.

Ausbildung im Berufsbildungswerk (BBW)

Das Berufsbildungswerk ist ein Angebot für Jugendliche mit Lernschwierigkeiten, die noch sehr viel persönliche Unterstützung benötigen.

PARTNERARBEIT

Aufgabe 1: Die meisten Berufsbildungswerke haben ein breit gefächertes Angebot an Ausbildungsmöglichkeiten.
Hier seht ihr das Ausbildungsangebot des BBW in Essen.
Setzt die Ausbildungsberufe zusammen und notiert sie.

Maler/in – Köchin – Lackierer/in – Fachpraktiker/in für – pflege – käufer/in
Fach – verarbeitung – ng – Ver – Metall –schafter/in – und – für IT-Systeme – seur/in
Ver – bau – wirt – Fachpraktiker/in – ler/in – Fachpraktiker/in – Fri – Metall
kraft für – Fachpraktiker/in – bauer/in – Tisch – für Holz – käufer/in
Koch/ – Haus – Fachpraktiker/in – im Lagerbereich – Fahrzeug

IN DER KLASSE

Aufgabe 2: Vergleicht eure Ergebnisse in der Klasse.
Kennt ihr alle angebotenen Ausbildungsberufe?
Informiert euch auf: https://planet-beruf.de

Alle Berufsbildungswerke findet ihr hier aufgelistet:
www.bagbbw.de/bbw-vor-ort

Schaut nach, welches BBW es in eurer Nähe gibt und welche Berufe man dort erlernen kann.

INFO

Schulische Weiterbildung

▶ Souniya hat mehrere Praktika in einem Friseursalon gemacht. Sie ist sich nicht sicher, ob dies der richtige Beruf für sie ist. Souniya geht gerne zur Schule, ist zuverlässig und erledigt ihre Hausaufgaben immer ordentlich. Eigentlich findet sie es schade, dass die Schulzeit bald vorbei ist.
Sie lässt sich von Herrn Mühlenberg, dem Sozialpädagogen der Schule, beraten.

Souniya: „Ich bin so unsicher, was ich nach der Schule machen soll. Einen Hauptschulabschluss bekomme ich wohl nicht und eigentlich möchte ich weiter zur Schule gehen."
Herr Mühlenberg: „Wenn du noch nicht genau weißt, was du beruflich machen willst und du gerne weiter zur Schule gehen möchtest, dann überlege doch mal, ob das Berufskolleg das Richtige für dich ist. Dort kannst du deinen Hauptschulabschluss nachholen und dich orientieren, in welche Richtung du später gehen willst."

Souniya: „Ich glaube, alles Technische und das Verkaufen liegen mir nicht so besonders, weil Rechnen nicht gerade meine Stärke ist. Ich würde lieber etwas im Bereich Körperpflege und Gesundheit machen und vielleicht ist ja Friseurin doch das Richtige für mich."

Herr Mühlenberg: „Dann würde ich dir empfehlen, dich beim Berufskolleg für Ernährung, Erziehung und Gesundheit anzumelden. Dort gibt es viele Angebote. Falls du deinen Hauptschulabschluss nach der 9. Klasse jetzt schaffst, kannst du in das Berufsgrundschuljahr gehen und den Hauptschulabschluss nach Klasse 10 machen. Wenn nicht, gibt es verschiedene Angebote, damit du deinen Hauptschulabschluss nach der 9. Klasse doch noch schaffst."

Souniya: „Irgendwie blicke ich da noch nicht so ganz durch!"
Herr Mühlenberg: „Demnächst ist am Berufskolleg Tag der offenen Tür. Da kannst du dich schon einmal informieren. Wir können aber auch einen Beratungstermin machen und du sprichst direkt mit jemandem von der Schule über deine Möglichkeiten. Wenn du dich für das Berufskolleg entscheidest, wirst du viel lernen müssen, das wird nicht einfach. Aber ich weiß ja, dass du dich immer sehr anstrengst und fleißig bist, deshalb denke ich schon, dass du es schaffen kannst!"

Souniya: „Jetzt bemühe ich mich erst einmal, hier den Hauptschulabschluss zu bekommen, bestimmt klappt es ja doch noch!"

Schulische Weiterbildung (1/2)

Die Berufskollegs bieten viele unterschiedliche Möglichkeiten, sich weiterzubilden und einen Schulabschluss nachzuholen. Nicht für alle Jugendlichen ist es jedoch sinnvoll, sich nur schulisch weiterzubilden.

GRUPPENARBEIT

Aufgabe 1: Welche Eigenschaften müssen Jugendliche eurer Meinung nach mitbringen, um erfolgreich im Berufskolleg den Schulabschluss zu verbessern?

....

....

Aufgabe 2: Lest die Fallbeispiele durch.
Überlegt, welchen Rat ihr den Jugendlichen geben würdet.
Diskutiert eure Ergebnisse in der Klasse.

Leon: „Schule find ich ja ganz okay, aber Hausaufgaben hab ich eigentlich nie gemacht. Nachmittags hab ich echt was Besseres vor! Für Klassenarbeiten hab ich eigentlich auch nie gelernt. Irgendwie hat es immer so gerade gepasst. Ich bin halt so durchgerutscht, hab immer nur das Nötigste gemacht."

....

....

....

....

....

....

Myriam: „Ich geh echt gerne zur Schule. Hier treff ich meine Freundinnen. Im Unterricht halte ich mich eher zurück, oft finde ich es langweilig. Ich will möglichst schnell Geld verdienen, weil ich von zu Hause weg möchte. Mein Zeugnis wird so mittelmäßig, ich hab einiges an Fehlzeiten, weil ich so einen Stress zu Hause hatte."

....

....

....

....

....

....

Schulische Weiterbildung (2/2)

Dilan: „Mir macht Schule nicht immer Spaß, weil ich mich sehr anstrengen muss. Aber ich will unbedingt meinen Hauptschulabschluss schaffen. Dafür darf ich keine Fehlzeiten haben und meine Leistungen müssen stimmen. Oft lern ich auch am Wochenende für eine Arbeit, obwohl ich lieber mit meinen Freundinnen was unternehmen würde. Was ich mal werden will, weiß ich noch gar nicht."

Ridwan: „Schule ist kein Problem, ich hab das alles gut im Griff. Auch wenn ich mal fehle und mich gerne mit den Lehrkräften anlege, schreib ich immer die besten Klassenarbeiten. Hausaufgaben mach ich, wenn ich sonst nichts vorhabe. Meinen Hauptschulabschluss schaff ich locker, denn im Unterricht mach ich immer super mit. Wenn ich wollte, könnte ich bestimmt noch einen besseren Schulabschluss bekommen, mal sehen."

David: „Ich bin ein guter Schüler und Schule macht mir Spaß. Mein Zeugnis wird bestimmt sehr gut sein. Fehlzeiten und Verhalten, alles bestens. Ich hab 2 Praktika beim Gebäudereiniger gemacht, der war mit mir sehr zufrieden. Ich soll in den Ferien zum Probearbeiten kommen und vielleicht bekomm ich dann einen Ausbildungsplatz. Das wäre genau das Richtige für mich. Aber was wird, wenn ich den Ausbildungsplatz nicht bekomme?"